AF344044

Panégyrique du Bienheureux Louis-Marie Grignon de Montfort.

Imprimé par la Société St-Augustin, Lille.

Panégyrique du Bienheureur Louis-Marie Grignon de Montfort,

par l'Abbé AUGUSTE DELASSUS.

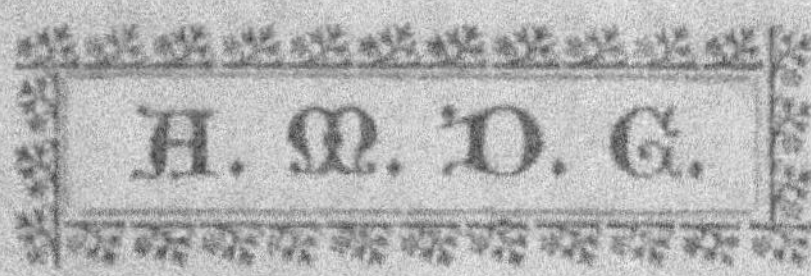

SOCIÉTÉ SAINT-AUGUSTIN,

DESCLÉE, DE BROUWER ET Cⁱᵉ.

LILLE. — Rue du Metz, 41. — 1888.

Anstaing, 14 février 1888.

MONSIEUR le VICAIRE GÉNÉRAL,

Très humble membre du tribunal canonique institué par S. É. Monseigneur le Cardinal Régnier pour juger l'authenticité du miracle de la guérison instantanée d'une coxalgie incurable opérée à Haubourdin, le 19 mars 1870, par l'intercession du vénérable Louis de Montfort, aujourd'hui béatifié, je vous prie de vouloir bien accorder la faveur de l'imprimatur à la vie de ce saint prêtre retracée dans ce discours.

Daignez agréer, Monsieur le Vicaire-Général, l'hommage du respect profond avec lequel j'ai l'honneur d'être votre très obéissant serviteur.

Auguste Delassus,
Curé d'Anstaing.

A Monsieur l'abbé Destombes,
Vicaire-Général, Archidiacre de Lille.

PERMIS D'IMPRIMER.
Cambrai, 15 février 1888.
C. J. DESTOMBES,
VIC. GÉN.

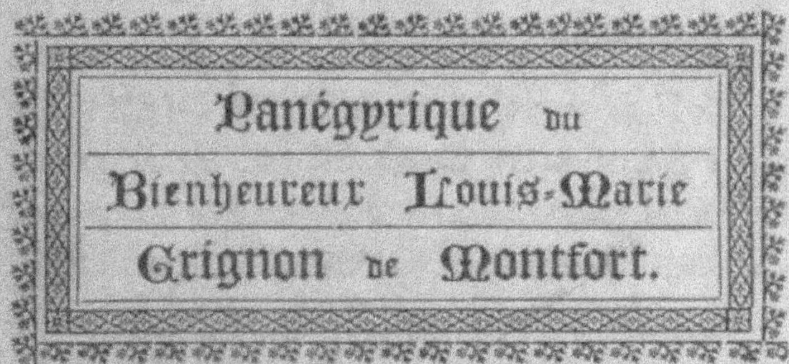

Isti sunt servi Dei excelsi qui annuntiant vobis viam salutis. (Act. XVI, 17.)	Ce sont des serviteurs du Très-Haut qui vous annoncent les voies du salut.

ES Actes des Apôtres nous apprennent que la sibylle de Thyatire jetait ce cri d'admiration et de louange sur le passage de saint Paul.

Ce même cri se présente sur nos lèvres devant un homme apparu il y a deux siècles pour annoncer à tous les voies du salut.

Un vrai serviteur de DIEU, c'est un si grand exemple ! Et un apôtre qui opère le salut des âmes, c'est un bienfait si digne d'actions de grâces, qu'il est bien juste de l'applaudir et de bénir le Ciel qui l'a fait son envoyé sur la terre.

M. F., le nom de serviteur de DIEU fut le plus grand titre de gloire que le Seigneur décerna aux plus célèbres personnages de l'ancienne Loi : Abraham et David.

Ce fut même la seule épitaphe que l'Écriture plaça sur les tombeaux de Moïse et de Josué : *Servus Dei.*

Et à ce titre, depuis l'avènement du Christianisme, il s'en est joint un autre non moins glorieux, décerné par JÉSUS-CHRIST lui-même à ses premiers disciples. St Pierre et St Paul, St Jude et St Jacques s'honorent, devant les fidèles qu'ils évangélisent, du titre d'apôtre aussi bien que de celui de serviteur de JÉSUS-CHRIST: *Servus et Apostolus Jesu-Christi.*

Depuis lors, l'Église a coutume de donner ces noms à ceux de ses enfants qui ont servi DIEU saintement et travaillé avec héroïsme à sa gloire.

Et c'est par eux que se formule le sentiment de vénération avec lequel tous les cœurs chrétiens saluent le héros de cette fête, qui a traversé le monde en retraçant JÉSUS-CHRIST dans sa vie, et en le prêchant partout.

Cette universelle acclamation n'est d'ailleurs que l'écho des souvenirs gravés par ses contemporains sur sa tombe :

Sacerdos Christi, Christum moribus expressit, verbis utique docuit.

Ce saint prêtre qui, après avoir été déclaré Vénérable aux regards des peuples, a mérité aujourd'hui, 22 janv. 1888, d'être inscrit au catalogue des Bienheureux, s'appelle : *Louis-Marie Grignon de Montfort.*

Sa vie, que Rome a comparée à celle de St Bernard : *Nullus Bernardosimilior*, est en effet, comme celle du grand apôtre du moyen âge, un abrégé de l'Évangile, un résumé de toutes les vertus, une vraie concordance de la sainteté.

Aussi, quand désormais tant de voix célèbreront ses merveilles, je voudrais entendre son panégyrique de quelqu'un à qui le Ciel a donné une âme divine et capable d'exprimer de grandes choses :

Cui mens divinior atque os magna sona-
turum des hujus nominis honorem.

Mais, cette tâche m'étant imposée, j'emprunterai à la bouche d'or de St Jean Chrysostome les deux mots qu'il plaça comme épigraphe sur l'arc de triomphe qu'il éleva en l'honneur de St Paul à Constantinople, et, avec cette devise, je m'efforcerai de retracer toute la belle et extraordinaire carrière de la vie du Bienheureux, qui se présente à nous avec ce double caractère : chère à JÉSUS-CHRIST et fructueuse à l'Église : *Jucunda Christo, fructuosa Ecclesiæ.*

Puissé-je, ô Bienheureux, montrer par là que vous avez été un vrai serviteur de DIEU et un apôtre des vérités du salut !

Puissé-je obtenir de JÉSUS-CHRIST cette grâce de vous bien peindre aux regards des âmes avides de vous connaître, Lui qui m'a fait celle de vous signaler à la Ste Église en travaillant à la cause de votre béatification !

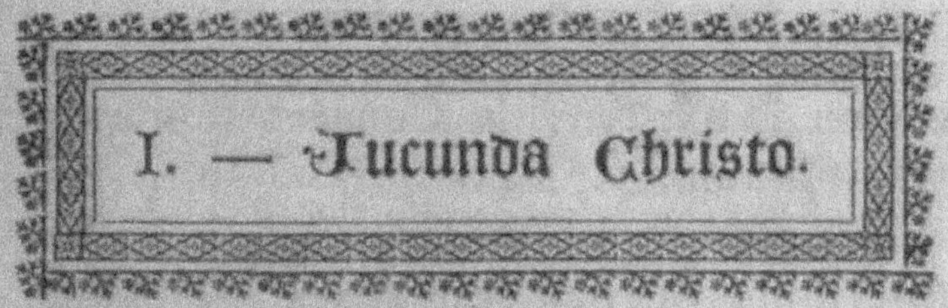

Tous les siècles, dit l'apôtre saint Paul, ont été disposés en vue du Verbe de DIEU. Et l'action du Verbe divin, dit St Prosper, n'a jamais manqué à aucune génération, car le CHRIST était hier, il est aujourd'hui, il sera demain.

De là vient que St Augustin dit qu'un seul homme est manifesté jusqu'à la fin du monde : c'est JÉSUS-CHRIST. *Unus homo ostenditur usque ad finem sæculi : Jesus Christus.*

C'est Lui, dit St Jérôme, qu'on voit naître, croître et grandir dans l'âme des saints : *In quâ nascitur, crescit et roboratur.*

Or, Notre-Seigneur JÉSUS-CHRIST s'est fait ici-bas le serviteur de son Père, et au saint sacrifice, qui est le mémorial de sa vie et notre grande leçon *(Cont. Trid.)*, trois choses nous rappellent ce service divin : l'Offertoire, la Consécration et la Communion.

Dans la vie du Bienheureux de Montfort nous verrons se réaliser également ces trois choses, qui en ont fait un grand serviteur de DIEU :

1º l'offrande d'une vie pure et sans tache ;

2º la consécration de cette vie par l'immolation ;

3º la communion de cette même vie avec DIEU par l'oraison.

S'offrir soi-même à DIEU, à l'exemple de l'adorable Victime immolée pour le salut des hommes, c'est ce qu'il y a de plus efficace, disait St Bernard, pour arriver sûrement à la perfection.

Cette doctrine était aussi celle de St Grégoire-le-Grand, disant dans une de ses homélies : « Quand le chrétien voue à » DIEU tout ce qu'il a, tout ce qu'il est, » tout ce qu'il aime, cela s'appelle : l'Ho- » locauste. »

Nous étudierons donc en premier lieu,

dans ses trois actes, l'holocauste que le Bienheureux Grignon de Montfort offrit à DIEU et pui rendit sa vie si chère à JÉSUS-CHRIST : *Jucunda Christo : innocentiâ, pœnitentiâ et oratione.*

I. — L'OFFRANDE D'UNE VIE PURE ET SANS TACHE.

LE 3 janvier 1673, dans la petite ville de Montfort, au sein de la catholique Bretagne, apparut au berceau un petit ange de la terre qui reçut au baptéme le nom de Louis.

Cet enfant, ayant pris naissance dans une maison chrétienne, mais peu fervente, eut besoin que DIEU le protégeât. C'est ce que fit le Tout-Puissant. Dès l'aurore de sa vie, il sanctifia cette âme pour en faire son tabernacle : *Adjuvabit eum Dominus manè diluculo, sanctificabit tabernaculum suum Altissimus.* (P. XLV, 6.)

Aussi, on le vit rapidement croître en sagesse et en grâce.

A l'âge de cinq ans, il ravissait ses parents par ses réponses: *Et mirabantur de responsis ejus.* Il était le charme de sa maison, l'ange consolateur de sa mère, l'apôtre de ses frères et de ses sœurs, le pieux enfant de Marie, dont il honorait les images, et à l'amour de laquelle il s'initiait par la récitation fréquente du chapelet.

Et si les pronostics qu'on tire d'un enfant se basent légitimement sur ce qu'il pense, ce qu'il dit, ce qu'il fait, on peut déjà augurer que cet enfant sera tout à JÉSUS par Marie : *Maria de quâ natus est Jesus.* Ce sera la formule qui résumera toute sa perfection, toute sa dévotion, toute sa méthode ascétique et apostolique.

St Bernardin de Sienne, sur les traces duquel il marchait sans le savoir, disait : « Si j'aime et si je sers Marie, je suis sûr de ma persévérance et de mon salut. »

C'est ce qu'un instinct secret disait aussi au cœur de Louis.

Aussi la Vierge Immaculée, si tendre-

ment aimée de lui, gardait son âme, et
le parfum de sa pureté embaumait tous
les jeunes gens de son âge.

L'innocence n'est-elle pas le plus bel
ornement de la jeunesse, et n'est-elle pas
souverainement chère au Cœur de JÉSUS?

Parmi les disciples du Sauveur, il y en
avait un qui avait gardé intact ce précieux trésor, et il mérita de pouvoir reposer la tête sur son Cœur. C'est aussi ce qui
mérita au jeune de Montfort de pénétrer
sans retard dans le Cœur de Marie, et de
lui en arracher ses secrets les plus intimes.

Louis de Montfort n'était guère moins
pur que cet autre Louis, toujours nommé
avec autant d'admiration que de respect :
Louis de Gonzague.

C'est dans cet état de pureté céleste
qu'il ouvrit pour la première fois son cœur
au DIEU de l'Eucharistie.

Ah ! si, à l'heure des saints mystères,
l'Église se plaît à nous rappeler le souvenir de ce pieux et angélique commu-
niant, en nous disant que de brûlantes

ardeurs couvraient ses joues de larmes : *Juges lacrymæ inæstimabilibus ornabant lacrymis*, qui peut douter que ces perles de joie n'aient transfiguré le visage de Louis de Montfort, animé pour la sainte communion des transports de la Bienheureuse Marguerite-Marie, prêt à passer comme elle à travers les flammes pour atteindre le Désiré de son âme? Qui peut douter que l'Agneau sans tache n'ait trouvé dans son cœur cette agréable demeure qu'il rencontra dans le cœur de sa bien-aimée Ste Gertrude, comme nous le lisons à l'office de cette pieuse et chaste vierge : *Jucundam tibi mansionem præparasti ?*

Le sacrement de Confirmation, qui le faisait passer de l'enfance à la jeunesse, l'initia à une vertu, sinon plus pure, au moins plus méritoire.

Une âme douée des plus beaux dons de la nature, se laissant animer et guider par l'Esprit Saint, ne tarde pas à faire de grands progrès dans la vertu.

Dès ce jour le Bienheureux Louis s'enrôle sous la bannière du CHRIST, et ne pense plus qu'à servir DIEU avec une fidélité parfaite.

A son nom de baptême il ajoute un nom nouveau, celui de Marie, afin de pouvoir dire en toute vérité : « Je suis le serviteur de JÉSUS et de Marie : *Ego servus tuus sum et filius ancillæ tuæ*. Il se livre à eux au point que son esprit et son cœur, son corps et son âme, leur appartiendront comme un esclave appartient à ses maîtres ; et désormais on le verra signer ses lettres de ce titre : Louis-Marie de Montfort, esclave de JÉSUS et de Marie.

Entré au collège des Jésuites à Rennes, sa conduite reproduisit si fidèlement la vie divine de JÉSUS à Nazareth, qu'il semblait en être la vivante copie.

Son innocence, sa piété, son obéissance, sa régularité, son application au travail, ravissaient ses maîtres et ses directeurs.

Aussi quelle devait être la joie des Pères du collège, ravis de posséder un pareil trésor !

Ses talents, ses vertus, leur rappelaient le souvenir des Bienheureux *Andre Bobola*, *Charles Spinola*, *Jean Berchmans*, et toutes ces fleurs de jeunesse que la Providence avait confiées à leurs soins.

Et en voyant ce jeune homme si accompli, quelles prédictions ne devaient-ils pas faire sur son avenir?

Tout ce que nous lisons d'édifiant et d'admirable dans la vie des jeunes saints, ils le voyaient pratiqué par ce jeune étudiant.

Tandis que ses compagnons d'âge sortant de classe s'en allaient riant et folâtrant le long des chemins, lui, il se rendait à l'église des Carmes. C'était là son sanctuaire de prédilection.

Et là, agenouillé aux pieds de la Vierge Marie, il épanchait son cœur dans celui de sa céleste Mère, et il en recevait toujours des consolations qui lui faisaient répandre d'abondantes larmes.

Un jour que saint Jean de Matha était ainsi en prières devant l'autel de la S^{te}

Vierge, dans l'abbaye de sainte Geneviève, il entendit une voix qui lui dit distinctement trois fois de suite : *Stude sapientiæ, fili mi, et lætifica cor meum ;* Mon fils, étudie la sagesse et tu réjouiras mon cœur.

M. F., une semblable voix semble s'être fait entendre à l'oreille du jeune Louis de Monfort.

JÉSUS avait fait son appel à l'âme du jeune enfant. Marie fait aujourd'hui le sien à l'âme du jeune adolescent. Et il y correspondra avec toute l'ardeur de son cœur.

Qu'est-ce donc que la sagesse ? se dit-il. Et voici qu'à la fête de saint Jean l'Évangéliste, il entend à la messe une lecture qui commence ainsi : *Lectio libri sapientiæ ;* et dans cette page il est dit :

« Celui qui craint DIEU fera des œuvres » bonnes, et celui qui est affermi dans la » justice possédera la sagesse.

» Elle viendra au-devant lui, et le rece« vra comme une mère pleine d'honneur.

» Elle le nourrira du pain de vie et

» d'intelligence, et lui fera boire l'eau
» d'une doctrine salutaire.

» Elle s'affermira en lui et le rendra
» inébranlable ; elle le soutiendra et il ne
» sera point confondu.

» Elle l'élèvera parmi ses proches, et
» lui ouvrira la bouche pour parler au mi-
» lieu de l'assemblée.

» Elle lui amassera un trésor de joie
» et d'allégresse, et le Seigneur notre
» DIEU lui donnera pour héritage un nom
» éternel. »

Entendant cela, Louis de Montfort se dit comme cet autre bienheureux Henri Suso : « Je vais tenter fortune et tâcher d'obtenir les bonnes grâces de cette divine et sainte amie, dont on raconte des choses si extraordinaires et si sublimes. »

Puis, passant à la lecture de l'Évangile, il entend JÉSUS qui demande à Pierre de le suivre : *Dixit Jesus Petro : Sequere me.* Il comprend que c'est JÉSUS qui est la sagesse éternelle, et il va le suivre comme tnaté sa voie, sa vérité et sa vie. Aussi, dès ce jour, son rêve, c'est de marquer son esprit et son cœur, son corps et son âme, de l'empreinte de JÉSUS qui lui disait : Pose-moi comme un sceau sur ton cœur : *Pone me ut signaculum super cor tuum.* (Cant. VIII, 6, C.) Dès lors la Bible sera son trésor. Ce livre dans lequel sainte Eugénie trouvait plus de vérités que dans les sept cent mille volumes de la bibliothèque d'Alexandrie ; ce livre que saint Hilarion et sainte Rusticule savaient entièrement par cœur ; ce livre dont saint Jérôme recommandait instamment l'étude à sainte Paule, devint aussi cher à Louis de Montfort que l'Évangile au cœur de sainte Cécile.

Il le porte sans cesse avec lui pour l'interroger le jour et la nuit ; et en le lisant, son cœur comme celui de la noble vierge romaine s'enflamme d'amour et s'écrie : *Fiat cor meum immaculatum ;* que mon cœur reste toujours pur ! Et pourquoi cette brûlante prière ? C'est afin d'être de plus en plus à JÉSUS. Car lorsque JÉSUS visite

notre cœur, alors la vérité luit à nos regards, le monde devient méprisable et la
flamme de la charité s'allume en nous.

> *Quando cor nostrum visitas,*
> *Tunc lucet ei veritas,*
> *Mundi vilescit vanitas,*
> *Et intus fervet charitas.*

C'est ce que chantait saint Bernard
dans ses hymnes au CHRIST JÉSUS.(*Office
du Saint Nom de Jésus.*)

M F., souvent l'histoire signale dans la
vie des saints la rencontre d'un ange
conducteur ou même révélateur de leurs
destinées.

Ce que furent les prophètes pour les
chefs d'Israël, ce que fut Ananie pour
saint Paul, ce que fut Ambroise pour saint
Augustin, ce que fut Avézédo pour saint
Dominique, un prêtre de Rennes le fut
pour Louis de Montfort.

Il réunissait chez lui, au moment de
leurs loisirs, les jeunes gens qui voulaient
s'instruire de la religion, et il leur faisait

des conférences dans le but de garder leur innocence, de les former à la piété, et de leur faire pratiquer les bonnes œuvres.

Il leur répétait ce que St Thomas avait dit à Cologne à ses disciples dans sa première leçon : « Le véritable moyen d'arriver à la sagesse c'est de conserver avec soin la pureté de conscience et de ne jamais abandonner la prière. » Il leur disait aussi avec St Colomban : « Vie mortelle, combien tu en as trompés, séduits, aveuglés ! Tu fuis et tu n'es rien. Tu apparais et tu n'es qu'une ombre. Douce aux insensés, amère aux sages, ceux qui t'aiment ne te connaissent pas et ceux-là seuls te connaissent qui te méprisent. »

Louis de Montfort, très assidu à ces conférences, commença à se sentir un attrait pour le sacerdoce, et il en sortait toujours avec un accroissement d'amour pour JÉSUS-CHRIST.

Car, il comprit plus que jamais, comme l'enseigne saint Grégoire de Nysse, « que tout ce qu'il y a de plus vrai, de plus beau, de plus juste, de plus sublime, n'est autre chose que JÉSUS-CHRIST. »

Et JÉSUS qui ne se laisse jamais vaincre en générosité, l'aima dès lors d'un amour de prédilection et de suavité comme son premier élu dans la vie du sacrifice, son serviteur André : *Dilexit Andrœam Dominus in odorem suavitatis.*

A dix-neuf ans, il fut admis au séminaire pour s'y préparer au sacerdoce. Il vint donc à Paris. Et en traversant la grande ville, il ne vit rien de ses monuments, de ses palais.

Ainsi avait fait autrefois son entrée dans la capitale, en venant enseigner à l'Université, l'angélique saint Thomas d'Aquin.

Debout sur la colline de Montmartre, d'où il pouvait contempler la grande ville, avec toutes ses richesses et toutes ses somptuosités, Louis de Montfort s'écria : « A tous ces trésors, je préférerais une seule vertu de JÉSUS-CHRIST dans mon

âme; » et la vertu la plus chère à son cœur,
était celle qui ne fleurit qu'à la faveur
de la garde des sens.

Il allait se mettre sous la direction des
prêtres de Saint-Sulpice, dont Fénelon,
notre grand archevêque, disait : « Ce sont
des hommes vénérables par leur savoir
et par leur piété, qui pratiquent tous les
jours sous les yeux de leurs disciples ce
qu'ils enseignent. »

Avant d'y entrer, il pratiquait à son
insu une des plus belles maximes du
saint évêque qui a donné son nom à cette
sainte maison : « Jeunes gens, sanctifiez
votre jeunesse, et ne vous laissez pas sé-
duire par les amorces du monde. »

Un demi-siècle auparavant, un jeune
homme distingué, qui allait devenir plus
tard le pieux évêque de Genève, saint
François de Sales, était venu à Paris et y
avait fait le vœu de chasteté, qu'il renouvela plus tard à Lorette, comme nous
l'apprend le bréviaire qui ajoute : « Cette
résolution le trouva constamment fidèle.

Et ni les artifices du démon, ni les séductions des sens, ne purent l'en détourner. »

Aujourd'hui, c'est Louis de Montfort qui prononce ce vœu sous les voûtes de Notre-Dame de Paris, vœu renouvelé aussi à Lorette, qu'il tint avec la même fidélité et qu'il garda avec la même intégrité.

C'est ainsi qu'il fit à DIEU l'oblation de sa vie exprimée dans ces paroles du divin sacrifice : *Suscipe, Sancte Pater :* « Recevez, ô Père Saint, cette hostie sans tache, que vous offre votre indigne serviteur. » *Quam ego indignus famulus tuus offero.*

Mais Louis de Montfort ne se contenta point d'élever un trône à la virginité dans son cœur, il l'entoura d'une garde sévère qui le protégea aux jours du danger ; car, il eut dans sa vie à côtoyer bien des abîmes. Et dans les luttes hardies qu'il entreprit contre la corruption des mœurs, la calomnie se heurta bien souvent à son innocence.

Mais il lui fut facile de la confondre en empruntant les fières paroles de saint Jérôme :

« A-t-on jamais rien remarqué en moi
» qui ne fût pas selon l'Évangile ?

» L'or des dames romaines sonna-t-il
» jamais dans mes mains ?

» Me suis-je jamais laissé entraîner
» après les tuniques de soie, les pierreries
» brillantes et les têtes parfumées ? »

Oh non ! Le lis de la vertu était entouré des épines de la mortification qui lui servaient de rempart et de couronne.

Et, en effet, à l'offrande d'une vie pure et sans tache, Louis de Montfort joignit la consécration de sa vie à DIEU par l'immolation : second acte du service divin par lequel il rendit sa vie doublement chère à JÉSUS-CHRIST : *Jucunda Christo.*

II. — LA CONSÉCRATION DE SA VIE A DIEU PAR L'IMMOLATION.

LE sacrifice liturgique arrivé au moment de la consécration, met sur les lèvres du sacrificateur des paroles qui font souvenir les serviteurs de DIEU de la passion de JÉSUS-CHRIST : *Unde et memores, Domine, nos servi tui beatæ passionis.*

Tertullien écrivait, dès les premiers siècles, que l'on comptait pour rien la virginité qui n'était pas soutenue par la mortification.

Et de nos jours, une des grandes lumières de l'Église au dix-neuvième siècle disait : « *Si un homme ne rend pas le son du sacrifice, quel que soit le vêtement qui le couvre, passez. Ce n'est pas un homme.* »

Il ne faudra donc pas s'étonner que le B. de Montfort ait fait de toute sa vie une croix et un martyre continuels.

Il doit en être ainsi, dit l'auteur de l'Imitation, de tout chrétien qui veut vivre selon l'Évangile.

Car l'Évangile fait remarquer que, quand le Sauveur prêchait l'obligation absolue de la pénitence et du sacrifice pour conquérir le royaume des cieux, il n'en exemptait personne : *Dicebat autem ad omnes.*

C'est ce que commentait admirablement St Léon dans ses homélies sur la Passion. « Nous ne devons pas douter, dit-» il, que la parole de JÉSUS-CHRIST s'a-» dressait non seulement à ses disciples, » mais à toute l'Église qui entendait dans » tous les espaces par les oreilles de ceux » qui étaient présents. » *Nec dubitare de-bemus hanc vocem non solum ad discipu-los Christi, sed ad cunctos fideles totamique Ecclesiam pertinere, quia salutare suum in his qui aderant, universaliter audiebat.*

Aussi, quand on lit les actes des saints, qu'y voit-on depuis la première page jusqu'à la dernière ?

Toujours des souffrances, des austérités, des jeûnes, des cilices, des humiliations et des croix, en un mot : l'agonie, la passion, le calvaire durant toute leur vie.

Tout confirme donc notre Bienheureux dans cette nécessité d'être crucifié avec

JÉSUS-CHRIST pour vivre avec DIEU : *Ut Deo vivam, Christo confixus sum.*

Il apprend de l'apôtre St Paul qu'un vrai serviteur de DIEU doit réduire sa chair en servitude pour ne pas tomber dans le péché et par suite dans la réprobation. Et il s'émeut de l'entendre dire avec supplications : « M. F., je vous conjure d'offrir vos corps à DIEU comme des hosties vivantes. »

C'est ce qu'il fit à partir de son séminaire. Il se sent là plus que jamais à l'école de JÉSUS-CHRIST. Et on le voit désormais vivre de telle sorte, qu'en faisant son histoire, on croirait refaire celle du diacre saint François d'Assise, ou plutôt, comme dit saint Bonaventure, celle du CHRIST lui-même en sa personne : *Totum in illo Christum videbis. (De vitâ Francisci.)*

Un de ses supérieurs, autrefois directeur du grand séminaire de Cambrai, l'abbé Fèvre, témoigne qu'on le voyait, au plus fort de l'hiver, sans feu, pieds nus, presque sans vêtements, glacé de froid, dans un réduit humide, et manquant de tout. Son plaisir, ajoute-t-il, c'était d'être indigent et de souffrir toutes les incommodités de l'indigence.

Et si les anciens ont dit : C'est le signe d'une grande âme de fouler aux pieds tout ce qui est mortel : *Magni et excelsi animi calcare morialia*, on peut dire que cette grandeur d'âme se manifesta bien vite en la personne du Bienheureux de Montfort.

La pratique du renoncement évangélique mortifiait tellement sa nature que, ne vivant plus que par l'esprit, il voyait sans voir, il entendait sans entendre, il mangeait sans goûter, et à peine conservait-il quelque sentiment pour les choses de la vie.

Cette pénitence qui lui ôta presque l'usage de tous ses sens extérieurs, amaigrit ses membres au point qu'on put dire de lui ce qu'un Père de l'Église disait d'un chrétien de son temps : « Qu'il avait trouvé le secret de quitter son corps sans que la mort fît cette séparation. »

Ce jeune homme qui, le jour, donne à ses condisciples l'exemple des privations d'un Jean-Baptiste en Palestine ; la nuit, il renouvelle les luttes de S. Pacôme contre le sommeil.

La plupart du temps, il couche sur la terre nue, ou bien il dort, la tête appuyée contre la muraille ; ou bien enfin, comme le jeune Tobie, il veille auprès des morts. Et là où personne ne veut aller, dans la crainte de la contagion, on est sûr d'y trouver Louis de Montfort.

Et ce ne sont pas des actes d'une ferveur passagère qu'il pratique ; plus il avance, plus il les multiplie ; car il aspire à une noblesse plus grande que celle que la nature donne aux hommes : celle de la vertu, qui va le rendre un vrai disciple de JÉSUS-CHRIST.

Pour cela, il se fait pauvre comme lui. Aussi le vit-on aller à pied de Poitiers à Paris, mendiant son pain et son loge-

ment pour l'amour de DIEU, et faire
vœu, comme St Ignace, de ne vivre désormais que de la charité et de l'aumône.

Et là, à Paris, ses amis le trouvent un
jour, comme St Alexis, logeant, inconnu,
sous un escalier avec un pot de terre et un
misérable grabat pour tout mobilier.

Ailleurs, on le verra donnant aux pauvres la couverture de son lit, échanger
avec les uns ses habits neufs, et revêtir
ceux des autres quelque avariés et infes-
tés de vermine qu'ils fussent.

On le verra dans les hôpitaux servir
les malheureux comme il aurait servi
JÉSUS-CHRIST lui-même, donnant ses
meilleurs soins aux maladies les plus re-
butantes, et non seulement baisant les
ulcères des malades, à l'exemple de Ste
Élisabeth, mais, comme Ste Catherine de
Sienne, suçant les humeurs de leurs plaies
afin de boire avec JÉSUS le fiel et l'amer-
tume de son calice.

En mission, il jeûne presque tous les
jours. Et souvent le soir il fait un si misé-

rable repas, que ceux qui l'accompagnent ne comprennent pas comment il peut vivre avec si peu de nourriture.

Cinq fois le jour, il se donne la discipline, et souvent, la nuit, même en hiver quand il gèle à pierre fendre, il va à l'écart se flageller jusqu'au sang.

Toujours il porte des ceintures et des chaines de fer autour du corps, si étroitement serrées qu'il peut à peine se mouvoir. Jour et nuit, enfin repose sur sa poitrine un cœur à pointes aiguës, qui lui déchirent constamment la chair dont la et douleur le fait parfois s'évanouir.

Il n'avait pourtant pas à faire la pénitence du coupable et du pécheur comme David, S. Pierre, S. Paul, S. Augustin, et tant d'autres. Mais il faisait la pénitence du chrétien vivant de la vie de JÉSUS-CHRIST.

Il semble que pas une des souffrances du divin Maître ne lui fut épargnée, pas même celle des vexations de Satan.

M. F., ce n'est pas chose rare dans la vie des saints.

S. Macaire en Égypte, S. Paul dans son ermitage, S. Benoît dans son monastère, Ste Marguerite dans son cachot, S. Vincent Ferrier au cours de ses missions nousont laissé le souvenir des luttes qu'ils ont eu à soutenir contre le démon.

S. François de Sales n'a-t-il pas fait un traité sur les esprits malins pour justifier les exorcismes de la sainte Église?

Et l'apôtre S. Paul, n'a-t-il pas recommandé aux chrétiens de se revêtir de l'armure de DIEU pour résister aux embûches de Satan ? « Vous n'avez pas seulement à combattre, disait-il, contre la chair et le sang, mais contre les puissances des ténèbres. » (Eph. I, 6.)

Le bienheureux de Montfort vit donc le démon se ruer contre lui.

Un de ses compagnons de mission assure qu'il entendait parfois un grand bruit dans sa chambre, comme si trois ou quatre démons de l'enfer y fussent descendus pour lui arracher la vie.

Satan aurait voulu le tuer. Et la raison

qu'il donnait un jour à un saint, contre lequel il déployait une semblable fureur, est celle-ci : « Vous m'avez arraché plus de cent mille âmes à l'enfer ; s'il y en avait seulement trois comme vous sur la terre, mon royaume serait détruit. »

Le Bienheureux de Montfort révèle lui-même les assauts qu'il a à soutenir contre lui.

Un jour, écrivant de Paris à sa sœur, il lui dit : « *Les hommes et les diables me font ici une guerre bien aimable et bien douce.*»

Les pauvres de l'hôpital de Poitiers, écrivant à leur cher aumônier, rendent eux-mêmes témoignage de cette intervention du diable contre le Bienheureux lorsqu'ils disent : « *Le démon en veut à nos âmes. Et pour cela, il a remué toutes sortes de machines pour détruire l'œuvre de Dieu.* »

En présence de tout l'enfer conjuré contre lui, il redisait les paroles du grand moine de l'Égypte : « *Rien ne sera capable de me séparer de Jésus-Christ, invisible spectateur de mes combats.* » Et parce qu'il résista courageusement, DIEU le protégea le reste de sa vie, comme le célèbre Antoine, dont le nom est glorieux par toute la terre.

Ne cherchant qu'à plaire à DIEU, le Bienheureux devait nécessairement déplaire beaucoup au démon et même aux hommes, vérifiant par là cette parole de saint Paul : *Si hominibus placerem, Christi servus non essem.* Et, en effet, que disait-on de Louis de Montfort parmi les hommes ? Tout ce que les Juifs ont dit de JÉSUS CHRIST dans sa Passion : « C'est un imposteur, c'est un hypocrite, c'est un séducteur. C'est un antéchrist, et il est pire que tous les démons de l'enfer,» s'écriaient les calvinistes de la Rochelle.

Il n'est pas une de ces injures qui n'ait été lancée mille fois contre le serviteur de DIEU. Car, dit saint Augustin : l'ennemi ne cesse jamais ses persécutions contre les saints ; quand il n'attaque pas au grand jour, il trame dans l'ombre. *Non cessat*

hostis persequi, et si non apertè sævit, insi-
diis agit.

Il en est toujours ainsi quand un homme a pris le parti de Dieu.; alors, on peut en être sûr, le monde se tournera contre lui. Le grand Apôtre ne dit-il pas de ceux qui veulent vivre pieusement en Jésus-Christ : Ils souffriront persécution ? Et l'épreuve de la persécution, dit S. Léon, ne manquera jamais, tant que durera l'exercice de la piété. *Et ideo nunquam deest tribulatio persecutionis, si nunquam desit observantia pietatis. (Serm. 9 de qua-drag.)*

Aussi, souffleté, battu, emprisonné, poursuivi à la pointe de l'épée par des hommes acharnés à sa perte, L. de Mont-fort est sans cesse obligé de faire appel à un surnaturel courage pour supporter toutes les épreuves qui lui viennent de la part des hommes.

Ah ! M. F., quel courage il lui a fallu, parfois, pour servir des ingrats, instruire de vrais barbares, persuader des obstinés, toujours exposé au mépris et à la haine de ceux qu'il veut sauver !

A l'hôpital de Poitiers, où il avait fait tant de bien, il rencontra un homme qui ne fit que l'outrager et décrier sa conduite par toute la ville.

Il y rencontra aussi une gouvernante dont il décrit ainsi le caractère : « Esprit » fin, politique, orgueilleux, intrigant, fai- » seuse de cabales, qui soulevait tout le » monde contre lui ; » comme l'avaient fait contre saint Paul, à Antioche, les ani- mosités et les factions des femmes dévo- tes : *Et concitaverunt mulieres religiosas.* (Act. 13, 150.)

A la Salpêtrière, à Paris, il passa com- me un nouveau saint Vincent de Paul, exerçant après lui la même charité, la même abnégation, le même dévouement envers cinq mille malades. Pour tant de services rendus, il trouva un jour son congé, par écrit, sous son couvert, en se mettant à table, où il ne prenait souvent autre chose que du pain et de l'eau.

Pour dire toutes les contrariétés qu'il souffrit, il faudrait rappeler les immenses déboires que lui causa l'érection du célèbre Calvaire de Pontchâteau, les affronts reçus au cours de la mission de la Chevrolière, les humiliations infligées par son supérieur au moment où il allait brûler les mauvais livres de toute une paroisse, les huées dont on l'accable à l'ouverture de la mission de Sallertaine, les grossièretés de toute sorte qui sifflent à ses oreilles un jour où il prêche aux halles à des marchands forains qui le ridiculisent en disant : « C'est le fou de Montfort qui prêche. »

Le Bienheureux goûte à longs traits la honte et l'ignominie, à l'exemple de son divin Maître ; et il se durcit le front contre cette lâche pudeur du siècle qui ne peut souffrir les opprobres bien qu'ils aient été consacrés en la personne du Fils : *Ideo posui faciem meam ut petram durissimam, et scio quoniam non confundar.* (Is. I, 7.)

Aussi, comme saint Jean de la Croix, il veut souffrir et être méprisé pour ressembler à JÉSUS-CHRIST jusqu'au bout.

Et l'on sait si le mépris lui a manqué de la part même de ses directeurs.

Frappés à son égard d'aveuglement, comme Sergius Paulus à l'égard de saint Paul, ils semblent ne chercher qu'à mettre des obstacles dans les voies du Seigneur. (Act. Ap. XIII, 7, 10.)

Si le vénérable M. Olier, cet homme d'une si admirable piété, ne put s'accommoder de la direction de saint Vincent Paul, quoi d'étonnant que le Bienheureux de Montfort ait eu tant à souffrir de celle de M. Lechassier, qui avoua un jour, mais trop tard, ne pas se connaître en saints ?

Louis de Montfort était, en effet, un saint à la vie duquel on devait appliquer ces paroles de Job : « C'est un homme » dont les voies sont inconnues, et que » DIEU a entouré de ténèbres. » *Vir cujus abscondita est via, et circumdedit eum Dominus tenebris.* (Job. 2, 24.) Et Bossuet n'a-t-il pas dit : « Il n'y a rien de plus inconnu aux hommes que les conduites particulières de DIEU sur les âmes. C'est un secret qu'il s'est réservé. Il n'appartient pas à de faibles mortels de les vouloir pénétrer ; il suffit qu'on les adore. »

Sans doute, Louis de Montfort n'était pas sans imperfections, mais on oubliait qu'il n'y a rien de bon dans l'homme que par la grâce divine : *Sine tuo numine, nihil est in homine, nihil est innoxium.*

Et pour quiconque veut discerner la vertu, jamais il ne devrait la trouver plus belle que dans l'héritier d'Adam qui se dépouille chaque jour du vieil homme pour revêtir JÉSUS-CHRIST.

Non, ce n'étaient pas les dehors de cet homme qu'il fallait regarder, mais ses richesses intimes, comme dans ces temples de la ville de Rome, bâtis avec les débris des temples païens, dont la gloire est d'avoir intronisé JÉSUS-CHRIST au milieu de leur sanctuaire et de voir écrit à leur frontispice : Le CHRIST est vainqueur, le CHRIST règne : *Christus vincit, Christus regnat.*

Si son âme était incomprise par ses directeurs, sa conduite, d'autre part, semblait être pour ses supérieurs celle d'un illuminé et d'un novateur, celle d'un homme à qui la prudence et la modération font défaut, celle d'un homme qui méconnaît les tempéraments de la charité et que l'orgueilleuse intransigeance de la vérité emporte, celle d'un homme enfin dont le zèle va trop loin.

Ce langage est assez ordinaire au monde contre les hommes de DIEU. Et quand Satan peut le faire accréditer avec le contre-seing des ministres de la religion, c'est un de ses meilleurs et de ses plus habiles succès.

Quel est l'homme de foi qui ne serait alors désapprouvé ?

Et quelles sont les œuvres de justice qui n'apparaîtraient pas comme des méfaits ?

Mais pour lui, comme pour Jean-Baptiste et les Apôtres, les Pères et les Docteurs de l'Église, la défense de la foi et des mœurs, la gloire de DIEU et le salut des âmes, en un mot la destruction du péché, étaient tout ; le reste rien !

Oh ! que les saints travaillaient parfois avec vigueur à cette grande œuvre !

De là vient que St Pierre d'Alexandrie, bravant l'opinion, les menaces et les dangers, disait: « Tant que j'aurai un souffle » de vie, j'élèverai la voix contre l'impie » Arius. »

Cet esprit qui animait L. de Montfort était donc bien l'esprit des saints et l'esprit de DIEU. Mais, en faisant avec tant d'ardeur la correction fraternelle recommandée par JÉSUS-CHRIST et ensuite par St Paul à Timothée, il lui arriva ce qui advint à St Bernard.

Lui qu'on appelle le melliflueux docteur, il savait aussi, quand il le fallait, joindre à la douceur du miel un courage et une liberté apostoliques, dont certains esprits humiliés et certains cœurs blessés se plaignirent amèrement aux évêques et au pape Innocent II.

Ils réussirent à attirer un blâme sur ses paroles et sur ses actes, et à le faire passer comme « la chimère de son siècle. »

M. F., quand la persécution vient des saints eux-mêmes, c'est la plus cruelle de toutes.

Aussi, quand nous voyons Louis de Montfort entrer dans cette voie douloureuse, ne nous apparaît-il pas comme une image du CHRIST ayant sur les lèvres les mêmes paroles : *Ecce ascendimus Jerosolymam* (Matth., XX, 18) ; voici que le Fils de l'homme va monter à Jérusalem, et là il sera conspué : *Tradetur enim gentibus ad illudendum ?* (St Luc, XVIII, 32.)

Quelle inexprimable souffrance, pour un prêtre si humble et si obéissant, de se voir traduit par-devant des évêques par des jansénistes et par des calvinistes, par des jaloux, par des ennemis, par d'anciens amis même ; et de s'y voir rebuté, interdit, condamné, stigmatisé comme un extravagant, un imprudent, un exagéré, un turbulent qui met toutes les paroisses en déroute *Qui universas domos subvertunt* (Ad Titum, I) ; un prêtre enfin qui, dans son humilité, se condamnant lui-même, n'était bon qu'à mettre dans un trou !

Tels furent les motifs de la révocation de ses pouvoirs de la part des évêques de St-Malo, de Nantes et de Poitiers.

Il vit alors se réaliser pour lui, comme pour son divin Maître, cette parole de l'Évangile : *Persequimini de civitate in civitatem* (Matth., XXVII, 74), chassé de diocèse en diocèse et envoyé sans délai à la frontière : *Et ejecerunt de finibus suis.* (Act. XIII, 50); victime comme St Étienne de l'animosité des Juifs de Tarse, qui ne pouvaient résister à la sagesse et à l'esprit de DIEU qui parlait en lui (Act. VI, 10); victime comme St Paul de ces Grecs haineux qui s'écriaient : « Que nous veut ce semeur de paroles ? » (Act. XVII, 18) ;

victime comme St Hilaire de la fureur des ariens, errant dans les plaines de l'Asie ; victime comme St Martin chassé des Gaules, exilé en Italie, fuyant de bourgade en bourgade !

DIEU, M. F., permet de telles épreuves pour ses bons serviteurs afin qu'ils n'espèrent rien des hommes, et qu'ils attendent tout de la justice divine : *Servus autem tuus exercebatur in justificationibus tuis.* (Ps. LXVIII, 80.)

Un de ses amis, lui donnant une fraternelle hospitalité après une de ses disgrâces, déclara que jamais homme n'a eu plus à souffrir.

Et, en effet, si pour le chrétien, comme dit St Ambroise, il n'y a point d'exil sur la terre, parce qu'il trouve DIEU partout, en est-il encore ainsi quand on porte avec soi la réprobation d'un père ?

Alors la terre ne devient-elle pas, pour l'homme ainsi éprouvé, une sorte d'enfer ?

La réprobation des évêques était chose

non moins dure au cœur du bienheureux, que la malédiction de Bernadone contre son fils St François d'Assise, le jetant en prison jusqu'à ce qu'il revînt, disait-il, à la sagesse et à la raison.

Sagesse et raison humaines ! On n'en trouvait plus dans Louis de Montfort ; pour lui, comme pour François d'Assise, il y avait une folie, la sainte et divine folie de la croix, choisie entre toutes les créatures pour être la seule épouse de son cœur, le seul objet de ses désirs, la seule fin de ses travaux, la seule arme de son bras, la seule couronne de sa gloire.

Aussi rien ne troublait son cœur.

St Antonin disait que l'homme magnanime doit faire peu d'attention aux injures et les chasser de sa mémoire : *Injurias magnanimus debet parvi pendere et a memoriâ repellere ;* car alors il jouira de la paix de l'âme : *Tunc in mente suâ quietus erit.* (St Ant. *De Irâ.*)

Inutile de dire que Louis de Montfort se comportait ainsi, car il mérita d'être appelé l'homme à la patience invincible : *Invictâ patientiâ.*

Il s'habitua bien vite à laisser l'intrigue s'user d'elle-même dans le silence, et à ne présenter aux dents de l'envie qu'une âme d'acier.

Les injustices des hommes, en le détachant du monde, l'attachaient plus fortement à DIEU; et lorsque ses yeux étaient fatigués du présent, il les portait vers l'avenir, et disait avec Dante : « Je regarde et je passe. » Il était dans sa destinée, comme dans celle de son divin Maître, d'être posé partout comme un signe de contradiction : *Signum contradictionis.* (St Luc, II, 23.) Mais rien n'ébranlait sa confiance en DIEU. Au milieu de ces orages, il n'en continuait pas moins de marcher sur les flots soulevés, implorant comme Pierre la main de son divin Maître.

Et si la tempête abattait toutes ses œuvres, lui, il restait impassible.

On est vraiment stupéfait devant une pareille constance, et volontiers on se demanderait, comme autrefois St Jérôme au sujet des martyrs, si de tels hommes sont des rochers ou des dieux. *Vel saxum, vel Deus.* Louis de Montfort n'était ni l'un ni l'autre, mais sa vie avait disparu en celle de JÉSUS crucifié. Là est toute l'énigme de sa vie de sacrifice. Voilà pourquoi la souffrance de l'esprit, la souffrance du corps, la souffrance de l'âme, lui arrachent ce cantique : « Vive JÉSUS, vive sa croix! » Cette croix, elle est plantée dans son cœur, elle inspire toutes ses pensées, elle anime toutes ses affections, elle vivifie toutes ses œuvres.

Il avait formé une association des amis de la croix, et il leur écrivit une lettre enflammée pour les soutenir à jamais dans leur ferveur, en leur disant : « Amis de la croix, vous êtes comme autant de soldats crucifiés pour combattre le monde. Courage donc et combattez vaillamment. »

Plus tard, faisant une allocution aux élèves du séminaire du Saint-Esprit, il leur explique en quoi consiste la divine sagesse, et il leur dit: « C'est à faire plus de cas de la croix et des souffrances que des plaisirs et des satisfactions sensuelles de cette vie, plus de cas de la pauvreté que des richesses, plus de cas des humiliations et des mépris que de la gloire et des grandeurs du siècle. »

Ces sentiments, toute sa vie il les traduisit en actes, comme un homme qui avait mission de replacer une grande vérité dans tout son jour, de la remettre en crédit, de la venger, de la populariser.

Notre siècle est le siècle des grandes défaillances de la pénitence, disait le grand évêque de Poitiers.

Voilà pourquoi coup sur coup DIEU a suscité en ces derniers temps des Benoît Labre, des Louis de Montfort : des hommes dont l'immolation se déploie comme un étendard contre la sensualité qui nous envahit et qui, hélas! fait tant de victimes parmi les chrétiens !

A l'offrande d'une vie pure et sans

tache, à la consécration de sa vie par l'immolation, le bienheureux Louis de Montfort joignit l'acte suprême du sacrifice, celui de l'union de son âme avec DIEU par l'oraison : communion spirituelle par laquelle encore il rendit sa vie chère à JÉSUS-CHRIST : *Jucunda Christo.*

III. — LA COMMUNION DE SA VIE AVEC DIEU PAR L'ORAISON.

QUAND le serviteur de DIEU a immolé son corps, que lui reste-t-il à faire pour achever sa ressemblance avec JÉSUS-CHRIST, et atteindre la plénitude du CHRIST ?

Il lui reste à unir son âme à DIEU, à faire monter sans cesse son âme vers DIEU, pour faire sans cesse descendre DIEU dans son âme, par une communion spirituelle de tous les instants.

Et alors, il peut dire en toute confiance la prière qui termine le saint sacrifice : « Recevez favorablement, ô Trinité Sainte, l'hommage de mon entière dépendance. »

Placeat tibi, Sancta Trinitas, obsequium servitutis meæ.

Cette union de l'âme avec DIEU, c'est le caractère essentiel de la sainteté.

Dès lors, quoi d'étonnant que tous les serviteurs de DIEU aient été des hommes de prière ?

Nous apprenons de l'Évangile que Notre - Seigneur JÉSUS - CHRIST, après avoir prié durant le jour, passait les nuits en oraison sur les montagnes : *Penoctans in oratione.*

Et les Actes des Apôtres ne louent-ils pas les premiers chrétiens de leur persévérance dans la prière ?

Ainsi voyons-nous dans le B. de Montfort une âme qui s'est livrée au Seigneur dès le premier instant de sa vie : *Justus cor suum tradidit ad vigilandum diluculo ad Dominum.* (Eccl. XXXIX, 6.)

Il commence par se bien pénétrer de la vérité de la présence de DIEU. C'est en lui que nous vivons, lisait-il dans saint Paul. C'est pourquoi, selon le conseil du

saint Roi David, il cherche continuellement sa face : *Quærite faciem ejus semper*.
(Ps. CIV, 3.)

Aussi de son âme s'élèvent à tout instant vers DIEU des aspirations par lesquelles il invoque son assistance, par
lesquelles il s'humilie devant sa majesté,
par lesquelles il se confie en sa miséricorde, par lesquelles enfin il s'embrase
d'amour, ne voulant jouir d'autre chose au
ciel et sur la terre : *Quid mihi est in cœlo
et in terrâ, et quid volui, nisi tu, Domine !*

Alors que JÉSUS-CHRIST paraissait
faire autre chose, dit un saint Père, il priait
toujours.

Ainsi faisait le Bienheureux parce que
sa vie, selon l'expression de St Augustin,
avait ses racines plongées en DIEU :
Semper in Deo infixum. De cette manière,
il réalisait dans sa vie le *laus perennis*
dont St Benoît a fait la loi principale de
la vie religieuse.

Ces entretiens fréquents avec le ciel, qui
nous rendent, dit saint Paul, « les familiers

de DIEU, *domestici Dei,* » créaient dans toute sa conduite des habitudes de piété qui le rendaient pour tous l'objet de l'attention et de la vénération.

On l'admire quand il prie. Et prier, c'est pour lui un attrait de tous les instants : dans les classes, dans les maisons, dans les rues, dans les églises.

Pas une croix, pas une statue de la Vierge, pas une image de saint qu'il ne salue et n'invoque.

Et quand il prie, c'est les yeux baissés, la tête découverte, les genoux à terre, et souvent les bras en croix, à l'exemple de St Étienne : *Expansis manibus orabat ad Dominum.*

Ainsi le voyait-on dans les vestibules des maisons, à l'entrée des villages, aux portes des villes, se mettant à genoux, et récitant la prière que fait l'Église en bénissant les habitations : *Visita, quæsumus...*

« Seigneur, disait-il, je vous supplie de » visiter cette demeure, et d'en éloigner » toutes les embûches de l'ennemi. Que

» vos saints anges y habitent, afin de nous
» y conserver en paix, et que votre béné-
» diction demeure toujours avec nous par
» JÉSUS-CHRIST Notre-Seigneur. »

Et la nuit, quand il veillait les morts, œuvre de charité qu'il accomplissait trois ou quatre fois la semaine, il la passait presque toute en prière et en oraison.

Saint Jean Chysostome dit que l'oraison est dans l'âme comme une fontaine au milieu d'un jardin, sans laquelle tout y serait sec et stérile, et par le moyen de laquelle tout fleurit. De sorte que c'est elle qui entretient dans une fraîcheur et une beauté perpétuelle les saintes plantes de l'obéissance, de l'humilité, de la mortification, du recueillement et de la patience. Arrosez donc souvent votre âme par la prière, dit-il, si voulez lui faire produire des fruits de justice et de sainteté.

C'est ce que faisait constamment notre Bienheureux. Et on remarqua que sa grande piété développait en tous sens sa pénétration, son savoir; elle donnait à ses qualités naturelles et à ses aptitudes pour toutes choses, une perfection qui lui aurait facilement fait prendre un rang distingué dans la science et dans les arts. Il n'y eut toutefois qu'une science à laquelle il se livra corps et âme, ce fut la science des saints. Ainsi saint Thomas d'Aquin a pu dire que son génie était le fruit de sa vertu. Que notre temps a besoin de ces leçons et de ces exemples !

Comme il ne voulait vivre que pour la gloire de DIEU, deux choses l'attiraient également : *La vie contemplative et la vie apostolique.*

Il lui semble parfois entendre le Seigneur lui dire comme à saint Benoît : *Sors du monde, et ensevelis-toi dans la solitude.*

Il lui semble d'autres fois l'entendre dire comme à saint Pierre Nolasque : *Va délivrer les captifs.*

Quelle est la voie qu'il va suivre ?

DIEU, M.F., réunira ces deux vocations dans sa vie comme dans celle du divin Maître, de telle sorte qu'il deviendra un de ses meilleurs disciples, et un de ses plus courageux apôtres.

C'est surtout dans la solitude, on ne l'ignore pas, que les âmes jouissent des consolations divines. Dans la solitude, en effet, l'esprit est plus calme ; dans la solitude, le cœur est moins agité par les affections de la terre, et il peut aimer davantage les choses du ciel.

La solitude est la terre natale des communications de l'âme avec DIEU.

Bossuet se retirait souvent à la Trappe, près de son ami l'abbé de Rancé. Huit fois durant son épiscopat, il alla faire une retraite en ce lieu béni où, disait-il, il se plaisait le plus au monde après son diocèse.

C'est aussi dans le sein de la retraite et de la solitude que saint Jean Chrysostome allait forger les foudres qu'il devait faire retentir si glorieusement du haut de la chaire de Constantinople.

C'est aussi dans le désert de l'Arabie que Saul resta durant trois ans, se disposant par la prière et la méditation, le recueillement et la pénitence, à remplir la mission à laquelle JÉSUS-CHRIST l'appelait.

Il était juste que le vertueux Louis de Montfort allât comme ces grands serviteurs de DIEU, et surtout comme Élie, dont il avait le zèle ardent, visiter l'Horeb des visions divines. La solitude de Saint-Lazare, l'ermitage de Saint-Éloi et de Vouvant, la grotte de Mervant, ont vu bien des fois Louis de Montfort se retirer du monde pour se livrer plus librement à la prière et à la contemplation.

Là, avec l'Épouse des Cantiques, il était heureux de pouvoir dire : « *J'ai trouvé Celui que mon cœur aime, et je ne le quitterai point.* »

Mais, quand les battements de son cœur réveillaient en lui les saintes ardeurs du salut des âmes, des ruisseaux de larmes s'échappaient de ses yeux à la pensée des fins dernières, si oubliées des hommes, qui ont abandonné la loi du Seigneur : *Exitus aquarum deduxerunt oculi mei, quia non custodierunt legem tuam.* (Ps. CXVIII, 136.)

Il apparaissait alors, dans cette solitude, comme ce juste dont il est parlé dans l'Écriture, qui, après avoir pratiqué de grandes vertus et loué DIEU de tout son cœur, intercédait devant le trône de DIEU pour les crimes de son peuple : *Iste est qui ante Deum magnas virtutes operatus est, et de omni corde suo laudavit Dominum ; ipse intercedat pro peccatis omnium populorum.* (Eccl. XLVII, 10.)

Aussi ses historiens racontent qu'il sortait de là comme d'un nouveau Cénacle, plein d'un feu céleste, plein d'un enthousiasme divin, pour courir à de nouveaux combats et à de nouvelles croix.

Rentré au milieu du monde, on ne le voit cependant jamais distrait par aucune affaire, au point qu'on pourra dire de lui ce qu'on disait de S. Vincent de Paul : *qu'on ne vit jamais d'homme à la fois plus occupé et en même temps plus recueilli.*

Et, n'est-ce pas chose frappante de voir les saints trouver tant de temps pour la prière, lorsque le service du prochain réclame de leur part tant de soucis et tant de travaux ?

Ah ! c'est que les saints sont convaincus que *si nous faisons d'abord les œuvres de Dieu, Dieu fera les nôtres..*

C'est pourquoi le Bienheureux de Montfort donne à la prière les trois quarts des vingt-quatre heures de la journée.

Tous les jours, outre son bréviaire, il récite le psautier de Marie, c'est-à-dire les cent-cinquante psaumes composés par St Bonaventure en l'honneur de la Vierge.

Tous les jours, il récite le saint Rosaire, qu'il porte à la ceinture, et qui lui fera donner le nom de « *Père au grand chapelet.* »

Tous les jours, il fait au pied de son crucifix, ou devant sa petite statue de la Vierge Marie, des oraisons qui renouvellent en lui les prodiges de la transfiguration. Ce sont des ravissements, des extases dans lesquels on le surprend.

Malgré tout le soin qu'il mit à dérober aux regards des hommes ce mystère d'union de son âme avec DIEU, DIEU permit qu'il ne fût pas ignoré.

Il arrive quelquefois à un homme d'être si absorbé dans une réflexion qu'il s'oublie lui-même, qu'il ne sait plus où il est, ni à quoi il pense.

Tel est l'état dans lequel se trouvait souvent le Bienheureux de Montfort : « il était tout perdu en DIEU. »

Un jour, un de ses condisciples frappe à sa porte ; le jeune étudiant était en oraison. Et quand il vint ouvrir, son visage rayonnait d'une éblouissante lumière.

On raconte que l'empereur Charles-Quint, trouvant S. Pierre d'Alcantara dans cet état, s'écria : « Cet homme, ce n'est pas un homme de la terre, c'est un homme du Ciel. »

Que de fois ne l'a-t-on pas dit du Bienheureux de Montfort, lorsque muet, immobile, transporté, les yeux au Ciel, les bras suspendus, la joie et la splendeur des saints sur le front, sans action et sans sentiment pour les créatures, il semblait n'être plus du nombre des vivants ?

Que de fois, attiré par la vertu d'en haut, et ne pouvant quitter la montagne où il goûtait combien le Seigneur est doux, son corps s'élevait visiblement avec son âme, sans respiration, sans parole, éperdu comme la Reine de Saba dans le palais de Salomon : *Non habebat ultra spiritum.* (III. Reg, X, 5.)

Voilà bien le terme des complaisances divines ; c'est l'union, c'est la communion de l'âme des saints avec DIEU. Ils sont devenus comme les choses qu'ils aiment, dit le prophète Osée : *Facti sunt sicut ea quæ dilexerunt.* (IX, 10.)

Aussi ne serons-nous pas surpris de voir cette union divine se réaliser toutes les fois que le Bienheureux de Montfort montera au saint autel pour le saint sacrifice.

Il le célèbre avec tant de piété qu'il suffit de le voir pour croire à la présence réelle. Ah ! quel flambeau divin l'Église alluma dans son sein quand elle donna l'onction sacerdotale au Bienheureux de Montfort, le 5 juin 1700 !

St Jean, dans l'Apocalypse, nous dit qu'il vit un ange de l'autel qui avait pouvoir sur le feu : *Angelus exivit de altare qui habebat potestatem super ignem.* Et ce prêtre qui, durant toute sa vie, fut appelé « un homme de feu, » descendit lui aussi de l'autel capable d'enflammer toute la terre.

Après l'absorption de la lumière, dit St Jean Chrysostome, il y a réverbération. C'est ainsi que Louis de Montfort va devenir l'illuminateur des âmes : *Illuminator animarum.*

Car, M. F., la solitude si chère aux saints ne fut pourtant jamais pour eux un lieu de lâche repos.

Au IVme siècle, St Martin demandait à Honorius de pouvoir quitter le service des armes. L'empereur lui répondit : « Demain aura lieu le combat, et tu recules ?

— Moi reculer, répond Martin, oh non ! Puisque demain c'est le jour du combat, eh bien, j'irai sur le front de bataille sans arme, sans casque, sans bouclier, n'ayant pour servir que le signe de la croix et le nom de JÉSUS sur mes lèvres... »

Ainsi sacrifiant la paix au combat, le Bienheureux de Montfort va prendre service dans les rangs des apôtres de JÉSUS-CHRIST et de la Ste Église, armé du crucifix et du rosaire.

Car une voix lui dit, comme au Bienheureux Nicolas de Myre : La solitude, ce n'est pas le champ où vous porterez *des fruits* ; il faut que vous descendiez dans l'arène du monde si vous voulez partager ma couronne : *Non est hic ager in quo fructum proferas, tibi redeundum est ad mundi palæstram, si mecum expetis coronam.*

M. F., cette vie si chère à JÉSUS-CHRIST va donc devenir non moins fructueuse à l'Église : *Jucunda Christo, fructuosa Ecclesiæ.*

Louis de Montfort, pendant vingt-sept

ans, avait travaillé à sa propre sanctification.

Pendant seize ans, on le verra, comme une fontaine inépuisable, répandre la vie de JÉSUS-CHRIST partout.

Et ainsi s'accomplira cette parole de l'Ecclésiaste : *Fuit magnus secundum nomen suum, maximus autem in salutem electorum.* (Eccl. XLVIII, 1.)

Il fut grand comme serviteur de DIEU, plusgrandencore dans sa carrière d'apôtre de DIEU.

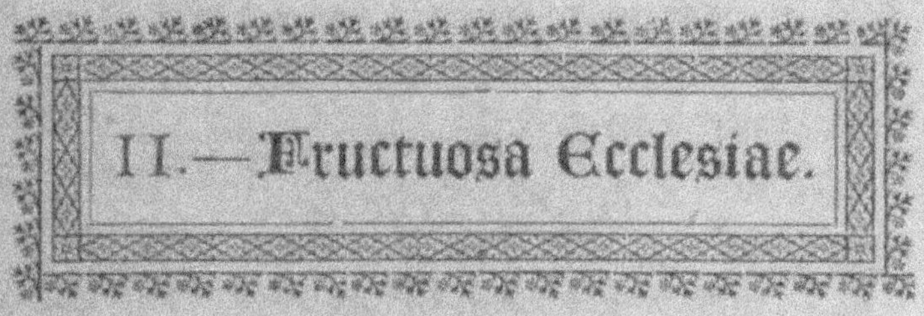

ES Frères, après avoir donné au monde l'exemple de toutes les vertus, Notre-Seigneur JÉSUS-CHRIST prêcha l'Évangile. Puis il établit l'Église pour continuer son œuvre, et il se dévoua pour elle jusqu'à la mort : *Christus dilexit Ecclesiam, et tradidit seipsum pro eâ.* (Eph. V, 25.)

Ce dévouement de JÉSUS-CHRIST pour la sainte Église semble avoir passé tout entier au cœur du Bienheureux de Montfort. Comme son divin Maître, il travailla pour elle jusqu'à son dernier soupir, et rendit sa vie fructueuse à l'Église : 1°) par ses prédications ; 2°) par ses œuvres ; 3°) par ses miracles : *Fructuosa Ecclesiæ verbis, operibus et miraculis.*

I. — FRUCTUEUSE PAR SES PRÉDICATIONS.

ET d'abord ce fut comme missionnaire qu'il rendit service à l'Église. DIEU, mes Frères, se plaît à nous donner de distance en distance un grand missionnaire dont la parole rappelle aux peuples d'une manière éclatante les vérités de l'Évangile qu'ils ont oubliées, et les ramène à l'Église, leur Mère, dont ils n'étaient plus les enfants. Ce sont des serviteurs du Très-Haut qui annoncent aux hommes la voie du salut : *Isti sunt servi Dei excelsi qui annuntiant vobis viam salutis.* (Act. XVI, 17.)

Mais, avant de se livrer à cet apostolat, le Bienheureux Louis de Montfort voulut recevoir sa mission du Pape.

Le pieux pèlerin entreprit ce voyage, ne portant avec lui que la sainte bible, son brévaire, un crucifix et son chapelet.

Aller à Rome pour présenter au Vicaire de JÉSUS-CHRIST leurs hommages et en recevoir des conseils et des bénédictions, est une démarche que nous voyons faire par tous les hommes de DIEU qui veulent servir la Sainte Église. L'histoire en témoigne dans la vie de tous les saints missionnaires, tels que : St Antoine de Padoue, St François de Paule, St Vincent, St Ignace, St Alphonse de Liguori, St Paul de la Croix, St Léonard de Port-Maurice.

Au Vicaire de JÉSUS-CHRIST placé sur les hauteurs de Sion ils vont lui dire : *Custos, quid de nocte ?* Gardien vigilant, dites-nous ce qui se passe au sein de nos ténèbres. »

Et ils vont lui demander, comme des soldats à leur chef, l'investiture pour la sainte croisade qu'ils vont entreprendre, et sur quel bastion de la citadelle ils doivent se placer pour les combats du Seigneur.

Le Bienheureux Louis de Montfort, se trouvant à deux lieues de la ville sainte, éprouva une joie indicible. Apercevant de loin le dôme de Saint-Pierre, il se prosterna contre terre, il pleura à chaudes larmes; il ôta ses souliers, il acheva la route, pieds nus par respect pour cette poussière détrempée du sang de tant de martyrs.

Lui qui avait fermé les yeux en entrant à Paris, il visita le Colysée, les Catacombes, tous les monuments religieux de Rome, et en savoura tous les parfums.

Mais voir le Pape était le principal but de son pèlerinage. Et le Vicaire de JÉSUS-CHRIST, le Pape Clément XI, reçut cet auguste pèlerin avec une grande affection et lui dit après l'avoir entendu : « C'est en France qu'il faut aller exercer votre zèle. »

La France était troublée par les erreurs du jansénisme, et elle méconnaissait l'Église; la France était envahie par les doctrines mécréantes de Voltaire, et elle méconnaissait JÉSUS-CHRIST ; la France enfin était entraînée à la dissolution par la dépravation du règne de Louis XV.

C'est chez elle que le Pape le renvoya avec le titre de Missionnaire apostolique, et avec la recommandation spéciale de s'attacher à bien enseigner la doctrine chrétienne aux enfants et au peuple, et de chercher à faire refleurir partout l'esprit du christianisme par le renouvellement des promesses du baptême.

Voilà donc le ministère du Bienheureux de Montfort tout tracé. Il est envoyé en France par le Pape pour y faire des missions.

Les missions, mes frères, tiennent aux racines mêmes du christianisme et sont une partie essentielle de son histoire.

Sous la loi ancienne, lorsque le peuple de DIEU se rendait coupable de quelque crime, des hommes inspirés paraissaient au milieu de lui, rappelant la loi divine méconnue et violée, et annonçaient les châtiments divins aux prévaricateurs.

Et quand l'ignorance des vérités éternelles devient plus grande ; quand la foi s'affaiblit et que les devoirs religieux sont négligés ; quand la triple concupiscence s'accuse plus que d'ordinaire dans les habitudes et les tendances d'une génération, les remèdes ordinaires ne suffisent plus, et les missions deviennent par la force de la prédication la seule ressource de salut. C'est la raison pour laquelle nous voyons les Papes, à toutes les époques de l'histoire, envoyer des missionnaires comme des sauveurs à l'humanité qui s'égare.

Apparaissez donc, ô Bienheureux de Montfort ! car le dix-huitième siècle a grandement besoin de vous. Que les eaux de votre doctrine coulent au dehors, qu'elles deviennent des fontaines publiques où le peuple puisse se désaltérer ! *Deriventur fontes tui foras, et in plateis aquas tuas divide.* (Prov. V, 16.)

Le Bienheureux de Montfort s'attacha d'abord à faire triompher les vrais principes.

Il semblait avoir pris pour lui la devise de St Eugène, dans sa sublime prière adressée à DIEU en partant de Rome pour évangéliser les Gaules :

Sit mihi recta fides, et falsis obvia sectis.

Que j'aie toujours une foi droite, et qu'elle attaque de front les sectes fausses.

Jamais il ne connut autre chose que la vérité, autre chose que la ligne droite.

Aussi la vérité, il la fit entendre à tous ; et les droits de la justice, il les soutint toujours en vrai chevalier du CHRIST. Et c'était pour lui une grande joie de rencontrer des hommes qui partageaient son amour, son zèle, sa passion de la vérité et des droits de JÉSUS-CHRIST et de la sainte Église : *Amplectentem eum qui secundum doctrinam est.* (Tit. I, 9.)

Mais que les chrétiens de cette trempe sont rares en tous temps ! Qu'ils sont rares de nos jours !

Au milieu de la paix dont nous jouissons, où sont ceux qui osent dire, comme nos pères devant les proconsuls et les bourreaux : Je suis chrétien ?

Le nom de chrétien les effarouche.

L'Évangile éternel leur fait peur.

L'étendard de la croix les fait rougir, et ils demandent leur salut à des principes modernes dont ils font leur symbole et leur décalogue. Mais l'apôtre saint Paul avertit que ce qui sauve le monde, c'est notre foi ; la nôtre, et pas celle-là : *Hæc est victoria quæ vincit mundum, fides nostra.* (I Joan. V, 4.)

Aussi, partout où le Bienheureux de Montfort voyait le jansénisme s'introduire avec ses doctrines débilitantes, il éprouvait l'indignation du Roi-Prophète décrite par l'Écriture : *Vidi prævaricantes et tabescebam.* (Ps. CXVIII, 158.)

La révolte contre les enseignements évangéliques et l'insoumission aux condamnations réitérées du Saint-Siège, armèrent notre saint apôtre d'un zèle semblable à celui de l'archange saint Michel contre Lucifer, et il ne cessa de prêcher le : *Quis ut Deus ?* qui est semblable à Dieu ?

Il parcourt ainsi les diocèses de Saint-

Malo, de Saint-Brieuc, de Coutances, de Rennes, de Poitiers, de Luçon et de la Rochelle. Et partout où il passe, le peuple se lève et dit : *Allons entendre l'homme de Dieu.*

Ce prêtre exténué par la souffrance et les privations, à l'aspect misérable, mais avec l'autorité d'un apôtre, l'éloquence d'un prophète, paraissait-il quelque part pour y commencer une mission : aussitôt on suspendait les travaux et on accourait des villes et des campagnes. Les églises ne suffisaient pas à contenir les foules.

Quand on voyait en chaire cette figure austère, recueillie, stigmatisée par les traces de la souffrance comme un crucifix vivant, on était déjà saisi de respect.

Saint Augustin disait de son temps que la chose qu'il eût peut-être le plus désirée au monde, c'eût été d'entendre prêcher saint Paul, l'Apôtre des nations. Et comment n'aurait-on pas écouté avec enthousiasme un homme qui parlait, comme saint Paul, de la Croix de JÉSUS ?

« C'est une vérité constante et éternelle, qu'il faut prêcher la Croix, » dit Bourdaloue. Mais cette vérité, quoique éternelle, n'a pas la même grâce dans la bouche de tout le monde.

Notre Bienheureux la possédait, lui, à un degré sans égal. Voilà pourquoi toutes ses paroles de pénitence portaient coup.

Aussi, quel changement dans les esprits ! quelle révolution dans les cœurs ! quelle transformation dans les mœurs ! Le succès de ses prédications n'était pourtant pas remporté sur des âmes faciles, comme on pourrait le croire.

Il suffit, pour s'en convaincre, de lire dans ses historiens le récit de sa mission à Monbernage (faubourg de Poitiers). Ce faubourg, disent-ils, composé de pauvres et d'ouvriers, semblait être l'assemblage de tous les vices. On y trouvait l'ignorance et l'ivrognerie, l'habitude des querelles et du blasphème ; on n'y avait ni foi ni loi.

Le saint missionnaire se mit à instruire cette population dépravée et à tonner contre le vice. Chose merveilleuse ! sa voix fut écoutée comme celle d'un ange venu du ciel. Aussitôt les désordres cessèrent et firent place à toutes les pratiques de la piété, et particulièrement à la dévotion du Saint Rosaire, qu'il établit dans une grange où se rendaient les habitants du faubourg, et qui, transformée en chapelle sous le titre de *Reine des Cœurs*, est encore aujourd'hui le rendez-vous des convertis de Monbernage.

S'il est difficile de remporter pareille victoire au milieu d'un détestable faubourg, que dire de celle de son apostolat au milieu des casernes ?

Louis de Montfort aimait les soldats, car il était lui-même, au physique comme au moral, un vrai soldat : homme à constitution de fer, redoutable par son énergie, infatigable à la besogne, indomptable à la corvée, homme d'un caractère franc, ouvert, courageux, intrépide, ne reculant devant aucun danger, prêt à sacrifier son repos, sa santé, sa vie, homme qui ne dormait pas, car un bon prêtre ne saurait avoir de repos : *Non dormitat qui custodit Israël ;* toujours debout sur le champ de bataille de la religion ; homme enfin qui ne craignait que DIEU et n'avait point d'autre crainte.

Cet homme était naturellement l'homme des soldats.

Aussi il aimait à les missionner. Et les soldats aimèrent toujours à entendre le brave Père de Montfort dont le nom même leur disait : puissance et invincible forteresse ; *secundum nomen tuum sic et laus tua.* (Ps. XLVII, 11.)

A Dinan, dans le diocèse de Rennes, il leur donna une retraite, et le succès en fut complet. Il sut tellement gagner leur confiance et toucher leurs cœurs, qu'on les vit fondre en larmes à ses sermons et courir en foule au tribunal de la pénitence.

A la Rochelle, les soldats furent frappés

de terreur à la peinture qu'il leur fit des peines de l'enfer. On les entendit demander, à grands cris, miséricorde ; on les vit se prosterner aux pieds du saint missionnaire, accuser leurs fautes, et demander pardon avec larmes et une contrition profonde.

Elle fut en effet si sincère, qu'à la procession de clôture, un officier porta lui-même la croix, pieds nus, en tête de son bataillon. Tous les soldats le suivirent, également pieds nus, un crucifix d'une main, le chapelet de l'autre, et en chantant les litanies de la Sainte Vierge. Tout ce peuple était en proie à une émotion qu'un mot seul peut rendre, celui de *ravissement*. Et chacun, dans l'élan de sa reconnaissance et de ses transports, aurait voulu placer une couronne sur le front du missionnaire et le porter en triomphe.

O larmes ! ô repentir ! c'est vous qui étiez les triomphes de cet apôtre et de ce saint missionnaire !

Le spectacle donné par Jonas à Ninive

se renouvelait dans tout l'ouest de la France, par les prédications du Bienheureux de Montfort. L'annonce qu'il faisait des jugements de DIEU, avec l'éloquence divine de Sᵗ Éphrem et de Sᵗ Vincent Ferrier, de Sᵗ François Régis et de Sᵗ Paul de la Croix, ébranlait les masses, les soumettait à la pénitence, les plongeait dans le deuil, les pénétrait de repentir et les ramenait à DIEU.

Les jurements cessaient, les danses disparaissaient, les ennemis se réconciliaient, les mauvais livres étaient brûlés, tous les pécheurs se convertissaient et tous les hérétiques abjuraient leurs erreurs. Et, en même temps qu'il renversait la cité du mal, il relevait la cité de DIEU ; car à tous ces hommes qu'il avait convertis, il arrachait ce cri de leur baptême : *Vive le Christ et mort à Satan !*

Ah ! n'est-il pas vrai ? cet homme était bien de la race de ceux qui font le salut d'Israël : *De genere eorum per quos salus facta est in Israël.* (II Macch., XI, 81.)

La régénération du peuple chrétien s'accomplissait d'une manière merveilleuse, et le Bienheureux de Montfort était l'âme de cette résurrection.

Le respect humain fut détruit à ce point que jamais peut-être aucun apôtre n'obtint du peuple de si éclatantes et si courageuses manifestations de sa foi et de ses croyances religieuses.

Chaque fois qu'une mission touche à son terme, les hommes et les femmes envahissent les églises, passent les nuits autour des tribunaux sacrés pour y purifier leurs consciences. A l'aurore, ils assiègent la table sainte, et la journée de clôture est toujours une journée de grande fête.

Le peuple qu'il a évangélisé la termine par une splendide procession qui se compose des diverses confréries qu'il a établies, soit celle des *Vierges*, soit celle des *Pénitents blancs*, celle des *Amis de la Croix* ou de l'*Alliance des vœux du Baptême*, soit enfin celle des *Soldats de Saint-Michel.*

Le cortège gravit une colline préparée

pour la grande cérémonie de la *plantation d'une Croix de Mission.* Au pied de ce calvaire, l'ardent missionnaire jette sur ces milliers de têtes humaines le feu de sa parole et il allume dans les âmes des incendies d'amour. Quand l'étendard est déployé, au chant du *Vexilla Regis*, et que JÉSUS-CHRIST apparaît sur sa Croix, les mains et les pieds cloués, la tête couronnée d'épines, le visage meurtri, le corps tout ensanglanté, la foule ne se contient plus, les larmes s'échappent de tous les yeux. Et quand la voix du grand missionnaire lui demande : « Resterez-vous toujours fidèles à JÉSUS-CHRIST ? » elle répond avec enthousiasme : « Oui, nous le jurons ! » « Catholiques et Bretons toujours ! »

Ainsi faisaient St Patrice en Irlande et St Josaphat en Pologne ; et ces deux nations que tant de douleurs et d'oppression n'ont point abattues, n'ont cessé de garder leur attachement à Rome, leur confiance en JÉSUS-CHRIST, et leur espoir de la délivrance.

Ainsi faisait, au siècle précédent, le célèbre Canisius, envoyé par Grégoire XIII à Fribourg, où le peuple s'engagea par serment solennel à garder toujours intacte la foi catholique, apostolique et romaine.

Et trois siècles de fidélité ont fait voir au monde ce qu'est un serment des catholiques de la Suisse.

De même, si la Bretagne et la Vendée sont restées si fidèles à DIEU, écoutez-en la cause. Les Pères du concile provincial de Poitiers tenu en 1868, disent : « C'est grâce au vénérable Grignon de Montfort que l'on doit, dans nos contrées de l'ouest, d'avoir conservé, avec une foi vive, l'amour de la Croix et la dévotion à la Très-Sainte Vierge. »

Cette dévotion à Marie, il l'avait vue en grand honneur à Saint-Sulpice, où le vénérable M. Olier avait dit : « Qu'y a-t-il de plus doux et de plus agréable à JÉSUS-CHRIST que de se voir cherché dans le lieu de ses délices, sur le trône de ses grâces, et au milieu de cette fournaise du saint amour ? »

Dans son amour pour Marie, notre Bienheureux composa le magnifique traité de la *Vraie Dévotion à Marie*, afin de propager son culte et d'amener le grand règne de JÉSUS dans le monde. C'est un secret, dit-il, qu'il a mission de livrer à la terre, secret puisé au cœur même de cette divine Mère, comme saint Jean puisa au cœur même de JÉSUS les mystères de son Apocalypse, pour l'instruction des derniers temps.

Un ami véritable, dit saint Ambroise, n'a rien de caché pour son ami ; et tout son bonheur, c'est de verser son cœur dans le sien et de lui communiquer ses plus secrètes pensées. C'est de cette manière que Marie en usa avec le Bienheureux de Montfort, son serviteur, pour lui dire des choses que l'Écriture appelle : *Excelsa Dei.*

Confident des secrets de Marie, de celle que l'Église appelle le siège de la sagesse, *Sedes sapientiæ*, le Bienheureux de Montfort s'en fit le brûlant apôtre. Que de fois n'eut-il pas à célébrer ses louanges, au cours de ses innombrables missions, lui qui éleva tant de sanctuaires connus sous les divers vocables de Notre-Dame de la Sagesse, Notre-Dame de Pitié, Notre-Dame des Victoires, Notre-Dame de Bon Secours, Notre-Dame de Toute Patience !

On le voit, le Bienheureux de Montfort était vraiment l'apôtre de Marie.

Un discours qui ne parlait point d'elle était pour lui un anneau auquel il manquait son diamant. De là vient qu'on a pu dire : S\ Bernard et S\ Dominique ont retrouvé en Louis de Montfort un panégyriste de la Vierge, rivalisant avec eux d'amour et d'éloquence. Et ce n'était pas sans lumière prophétique que le Bienheureux instituait partout avec tant de zèle la pratique du Saint Rosaire ; car le Rosaire est un cathéchisme populaire et complet sous la forme vivante de la prière,

de sorte qu'aux jours des grandes épreuves de l'Église, les temples étant fermés
et la prédication des ministres de Jésus-
Christ interdite, le Rosaire resta aux
mains du peuple un missionnaire qui garda et sauva sa foi.

Pour atteindre sûrement son but dans
les missions, le Bienheureux de Montfort
mettait en œuvre tout ce qui était de
nature à frapper les imaginations et à
prédisposer aux sentiments religieux.

Son zèle pour la décoration des églises
rappelle celui de saint Éloi. La peinture,
la sculpture ne lui étaient pas étrangères ;
et, s'il fallait quelque part une nouvelle
construction, le Bienheureux de Montfort
en traçait les plans avec le talent et toutes les hardiesses d'un savant architecte.

Il aimait dans ses missions l'apareil
et l'éclat, sachant bien que, pour gagner le
cœur du peuple, il faut parler à ses sens.

Et comme rien n'est plus populaire
que le chant, il composa, pour toutes les
circonstances, des cantiques que le peu-

ple chantait à l'église et dans les processions : cantiques qu'on redit maintenant encore, répandus qu'ils sont partout, à travers toute la France.

Cet apôtre avait une âme qui débordait, et c'est à la poésie qu'elle demandait sans cesse un langage qui pût rendre ses sentiments. N'a-t-on pas dit :

> Le cœur sonore du poète
> Est semblable à ces urnes d'or
> Où la moindre aumône qu'on jette
> Résonne comme un grand trésor ?

Aussi fit-il entrer dans ses cantiques la religion tout entière. Le dogme, la morale, l'ascétisme, tout s'y trouve. Ils sont le monument impérissable de ses missions ; ils sont une richesse inépuisable pour la foi et la piété du peuple.

M. F., si rien ne marque tant l'amour qu'on a pour la Sainte Église que le zèle déployé à dilater son règne, on peut dire qu'il s'est rarement manifesté à un degré égal à celui du Bienheureux de Montfort. Il fut un de ces hommes que sainte

Thérèse suppliait DIEU avec larmes d'envoyer travailler à la moisson des âmes.

Il fut cet envoyé du Ciel, cet homme de DIEU que saint Vincent Ferrier annonça prophétiquement comme devant venir faire la guerre aux vices et aux passions du monde, et préluder au grand règne de JÉSUS. Et son apostolat, au sein de l'Église, ne fut-il pas aussi salutaire, aussi fructueux que celui des plus grands apôtres dont saint Bernard disait : « *Magna audent, quia magni sunt ;* » Ils ont osé de grandes choses parce qu'ils avaient grand cœur ? (Serm. 32, in Cantic.)

II. — FRUCTUEUSE PAR SES ŒUVRES.

L'APOSTOLAT, M. F., ne s'exerce pas seulement par la parole, mais aussi par les œuvres.

Ce n'est pas assez pour les Saints de porter la vérité au peuple sous la forme d'une doctrine ; ils la lui portent encore sous la forme de l'amour.

N'est-ce pas chose remarquable de voir

les Saints dans l'Église de DIEU s'inté-
resser toujours et par-dessus tout aux
pauvres ? Le Bienheureux de Montfort
avait commencé à exercer le saint ministère dans les hôpitaux. Et là sa charité
fut celle d'un St Jean de DIEU à l'égard
de toutes les infortunes. Dans ces refuges
de la douleur, le Bienheureux remplis-
sant l'office d'économe, d'infirmier, d'aumônier, se dévoua à l'exercice de toutes
les œuvres spirituelles et corporelles de
miséricorde.

Aussi on conçoit qu'une terre défrichée
avec tant de soins, cultivée avec tant de
peines, arrosée de tant de sueurs, et sur
laquelle les prières les plus ferventes appe-
laient sans cesse la rosée du Ciel, devait
germer des fruits de bénédiction.

C'est là, en effet, que DIEU lui accorda
de poser les fondements d'une Congrégation religieuse.

1° *Institution des Sœurs de la Sagesse.*

Mademoiselle Marie-Louise Trichet,

fille du procureur de Poitiers, avait rencontré dans cette ville le Bienheureux de Montfort, qui lui avait prédit qu'elle serait religieuse.

Il l'amena à l'hôpital de cette ville. Il l'associa à quelques filles de service qu'il réunit dans une salle appelée depuis salle de la Sagesse, et il leur donna un règlement qu'elles suivirent.

Le 2 février 1703, fête de la Purification, il donna à Marie-Louise l'habit religieux, qu'il bénit, et que prirent après elle toutes les sœurs de la Sagesse.

Douze ans plus tard, il leur donna des constitutions qui firent la joie de ces pieuses filles, et qui obtinrent cet éloge de la part d'une des lumières de l'Église : «Quiconque gardera cette règle sera un ange.»

De temps à autre, il les encourageait par des lettres admirables, vraiment sorties de la plume et du cœur d'un saint qui veut faire passer dans le cœur de ses filles l'amour du divin Crucifié.

Ce devait être là le signe de leur vocation. Et c'est en aimant la Croix de tout leur cœur qu'elles devaient témoigner de leur sagesse. Une lettre qu'il leur écrivit, à la fin de sa vie, dit assez que c'était bien l'esprit dont ce saint fondateur voulait animer ses enfants : « Vous serez mes filles, leur dit-il, si vous aimez ma chère Croix. »

Et nous voyons, en effet, que cette fondation s'est faite, selon le désir de son cœur, sur la sagesse même de la Croix du Calvaire. Les commencements furent bien rudes. La pauvreté y était si grande qu'à certains jours il fallut, au repas des Sœurs, partager un œuf en trois. La faim et la nudité étaient toute la richesse de la maison. Et si le Pape Innocent III eût passé par là, comme autrefois à l'abbaye de Clairvaux, il aurait sans doute encore versé des larmes en voyant qu'on y faisait le potage avec des feuilles de hêtre.

Mais on avait soin, avant toute chose, d'établir dans la maison le règne de

JÉSUS-CHRIST, avec la confiance que JÉSUS-CHRIST ferait tout le reste. C'était avec un cœur joyeux du reste qu'on portait ces premières croix ; et, si le corps était à la crèche, le cœur était au paradis : *Jacet in præsepio, et in cœlis regnat. (Off. de Noël.)*

Le Bienheureux leur enseigna ensuite à quelles œuvres elles devaient se livrer.

Sans se refuser à communiquer leur sagesse aux intelligences d'élite, c'est, de préférence, au soin des plus grandes afflictions humaines, des maux les plus hideux, des fléaux les plus terribles, des ruines physiques et morales les plus lamentables.

N'en donna-t-il pas lui-même le sublime exemple ?

A l'hôpital de Poitiers, il y avait des aveugles, il y avait des sourds, il y avait des muets, il y avait des épileptiques. Ah ! qu'il se sentait heureux de pouvoir les soulager tous !

Mais, outre ces déshérités du monde, il

y avait des lépreux, ces bannis de la société qu'aucune main ne touche, qu'aucune voix ne console. Et ces lépreux deviennent les amis et les frères du saint. Il s'agenouille à leurs pieds. Il leur prodigue tout ce que l'amour d'un père, ce n'est pas assez dire, tout ce que l'amour d'une mère peut inspirer à son noble cœur.

Ce dévouement du père passa tout entier au cœur de ses enfants ; car partout où se trouvent les plus grandes douleurs de la terre, se trouvent des Sœurs de la Sagesse.

Lorsque la mortalité, occasionnée par le choléra, s'accrut dans la Bretagne ; que les cimetières devinrent trop étroits pour le grand nombre de cadavres ; que la terre en fut comme rassasiée ; au milieu de ces scènes de désolation et de déchirantes douleurs, d'aimables figures se trouvèrent là, sous un costume sévère, avec la croix sur la poitrine et le chapelet au côté, au milieu des pestiférés bretons ; le Bienheureux de Montfort semblait revivre en chacune d'elles, avec son angélique pureté et son sublime courage. On eût dit que les angoisses de la terre ne pouvaient plus les atteindre sur le calvaire élevé où les avait placées leur saint fondateur : *Ad montem myrrhæ.*

Et quand arrivèrent en France les mauvais jours prédits par lui à la plantation de la Croix de Parthenay, ces jours qui n'ont de comparable dans l'histoire que ceux de la Passion, les enfants du Bienheureux, les Sœurs de la Sagesse, surent donner joyeusement leur vie et se montrer avides d'être baptisées d'un baptême de sang.

On venait leur dire de toutes parts : Demain, vous allez sauter !

Et elles, déjà prêtes à tout, répondaient : « Si haut qu'on voudra, jusqu'au troisième Ciel. »

Les noyades de Nantes commencèrent le glorieux martyrologe de leur Institut. Et si les bourreaux, à force de cruauté, inspirent l'horreur, la résignation sublime des victimes inspire une juste admiration.

Voyez comme elles furent fidèles à suivre la route tracée par leur saint Père.

La province de l'Ouest qui les avait vues naître était sous la domination d'un tyran célèbre parmi les hommes de 93. Après Marat, le plus odieux des révolutionnaires ce fut Jean-Baptiste Carrier : il renouvela, pour les enfants du Bienheureux de Montfort, les atrocités de Néron.

Et ces courageuses filles, par leur passion et leur mort, donnèrent à leur Institut des actes des martyrs dont la lecture est capable de fendre le cœur et d'arracher les larmes.

Quand on les voit, en effet, subissant des interrogatoires, comme autrefois les vierges Agathe, Agnès, Perpétue et tant d'autres, et répondre comme chacune d'elles : « J'aime le CHRIST, et à lui seul je garde ma foi ; » *Amo Christum, et ipsi soli servo fidem ;*

Quand on les voit emprisonnées dans des corps-de-garde et mourant de faim ;

quand on les voit conduites à l'échafaud, jetées dans des charrettes, liées deux à deux, saturées d'injures par les conventionnels, passer au milieu d'un peuple ému de pitié et criant aux bourreaux : « Épargnez donc, épargnez ces belles petites sœurs qui chantent si bien ; » nous qui, à un siècle de distance, relisons toutes ces choses, nous ne pouvons nous empêcher de louer, de bénir l'apôtre qui a engendré de telles âmes à la sainte Église, et de saluer ses filles en JÉSUS-CHRIST avec les chants de gloire qui honorent les premiers martyrs : *Salvete, flores martyrum ;* Salut, fleurs des martyrs ! Vous aussi, vous avez été les premières de votre génération à suivre le CHRIST ; les premières aussi, vous avez conquis la palme et la couronne !

Quel crime avaient-elles donc commis pour être traitées de la sorte ?

Tout leur crime, c'était d'être semblables à JÉSUS et à Marie, et d'être fidèles à celui qui les avait consacrées à leur service.

Aussi, au milieu de leurs supplices, elles chantaient l'hymne des Vierges : *Præclara custos Virginum ;* et elles disaient à la gardienne des Vierges : « Vous serez pour nous la porte du ciel : *Cælestis aulæ janua.* »

De ces glorieuses victimes, on peut dire que leur sang versé a été une semence de vocations nouvelles, plus nombreuses et non moins héroïques, et dont un jour le Cardinal Pie disait au Pape Léon XIII : «Vierges vraiment sages,qui portent dans leur lampes allumées l'huile de la piété, de la science et de l'humilité. »

Cette glorieuse multiplication de ses enfants avait été montrée au Bienheureux de Montfort dans un ravissement céleste, semblable à celui du prophète Isaïe : « *Leva in circuitu oculos tuos, et vide ; omnes isti congregati sunt, venerunt tibi ; filii tui de longe venient, et filiæ tuæ de latere surgent :* Lève les yeux et regarde ; il te viendra des fils et des filles de près et de loin ; tu seras alors dans l'abondance, et ton cœur sera ravi de joie et d'admiration.» (XLIX, 18.)

Il les vit, en effet, descendre innombrables des montagnes d'alentour et venir fondre dans la vallée où il était, et qui n'était pas assez grande pour les contenir toutes.

Et il tressaillit de joie en découvrant dans la suite des âges la grande famille dont il était devenu le Père ; famille qui allait toujours, selon sa prédiction, être « logée à l'étroit chez les hommes, mais bien au large dans le divin Cœur de JÉSUS. »

2° *Institution des Frères de Saint-Gabriel.*

LE Bienheureux de Montfort, plein de l'esprit de son divin Maître, avait toujours tendrement aimé les enfants.

Partout où il fit des missions, un de ses principaux soins, disent ses biographes, était de pourvoir les paroisses de bons maîtres et de bonnes maîtresses d'écoles, disant que les écoles étaient les pépinières de l'Église.

C'est pourquoi il fonda une seconde œuvre, bien fructueuse à l'Église, celle de l'Institut des Écoles chrétiennes, dirigées, d'une part, par les Frères de Saint-Gabriel pour les petits garçons, et de l'autre, par les Sœurs de la Sagesse pour les petites filles.

Instruire et former la jeunesse, disait Cicéron, c'est le plus grand et le plus précieux service que nous puissions rendre à la patrie : *Quod munus reipublicæ afferre majus meliusve possumus, quàm si docemus atque erudimus juventutem ?*

Aussi l'Église, qui avait reçu de JÉSUS-CHRIST, Fils de DIEU, mission d'instruire et d'éclairer les nations, celles qui sont civilisées et celles qui sont barbares, le Scythe et le Grec, avait formé des écoles dans les cathédrales et les monastères.

Et, avant le règne de Louis XV, l'Europe catholique n'avait jamais douté des droits de l'Église sur l'enseignement des sciences, vu que tout en l'homme doit se rapporter à sa fin dernière, DIEU, de qui émane toute science comme tout pouvoir. Ses universités, ses collèges, tous fondés par l'Église, n'avaient pas cherché à s'affranchir de son autorité tutélaire.

En 1643, l'Université de Paris proclamait encore que le pouvoir d'enseigner est un écoulement et une participation de l'autorité des prêtres, des évêques et des souverains-pontifes.

Et à cette même époque où cette question n'était nullement contestée, voici que Louis de Montfort et Jean-Baptiste de la Salle travaillent presque simultanément à procurer à la jeunesse une éducation foncièrement chrétienne, la regardant comme un inestimable bienfait pour l'enfant et comme la source de son bonheur pour la vie future.

Et n'était-ce pas en prévision de ce qui allait arriver ?

Ah ! voyez, M. F., la lumière et la sagesse des saints fondateurs ! Comme toutes leurs œuvres sont des semences de préservation et de salut pour l'avenir !

Ils savaient, avec l'apôtre saint Paul, qu'il viendrait des temps où les hommes du siècle ne pourraient plus supporter la saine doctrine ; qu'ils multiplieraient les maîtres soumis à leurs désirs ; qu'ils auraient dans les oreilles le prurit scientifique, ce qui ne les empêcherait pas de se détourner de la vérité et de tomber dans l'erreur et le mensonge. (2 Timoth. IV, 4.)

Quelque temps après, en effet, l'État, séduit par les charmes de la domination, est venu séculariser et laïciser l'enseignement, séparer les sciences de la religion et couper la vie de l'homme en deux.

A l'heure où nous sommes, la religion ne tient plus aucune place dans l'enseignement officiel ; dans cette tour de Babel qu'on appelle l'Université de France, où se confondent toutes les langues : celles des protestants, des juifs, des rationalistes, voire même des athées, toutes les opinions trouvent des voix pour les proclamer et des échos pour les reproduire ; mais voici que la liberté de penser a produit logiquement la liberté de faire, et l'une et l'autre, cette multiplicité croissante de crimes qui épouvantent la société.

Et ainsi le siècle de la science sans Dieu expérimente cette parole de Bacon : «Il faut au peuple la religion ou des révolutions. »

C'est dans cette conviction, et avec le désir ardent de voir la jeunesse ne point s'éloigner des voies du salut, que Louis de Montfort s'entoura lui-même de petits enfants, avec le frère Mathurin, pour travailler à leur instruction et à leur formation, en leur disant sans cesse dans son populaire langage :

« A la religion soyez toujours fidèle,
» On ne sera jamais honnête homme sans elle.»

Il voulait que ses associés dans cette œuvre fussent des pères et des mères pour leurs enfants, à la manière de sainte Monique, tenant son petit Augustin sur ses genoux, arrosant ses leçons de ses larmes et le nourrissant de ses exemples : *Fovebat lacrymis, nutriebat exemplis.*

C'est à la Rochelle qu'il forma ses premiers instituteurs. Il régla leur costume et leur méthode, les exercices d'étude et de piété ; la durée des classes, les récompenses, les punitions, rien ne fut oublié.

Et, afin de leur tracer la voie tout entière, il fit la classe avec eux et la fit, paraît-il, avec un art admirable.

Avant tout, il enseignait la religion ; et les autres sciences s'apprenaient par cela même plus facilement, parce qu'il y avait dans ses enfants des esprits plus attentifs, des cœurs plus affectionnés, une conduite plus soumise.

Les enfants vinrent se ranger en grand nombre autour des Frères et des Sœurs du Bienheureux de Montfort.

Et bientôt leur enseignement porta, à sa grande consolation, des fruits merveilleux.

Parmi les enfants du peuple, le Bienheureux de Montfort devait aimer d'un amour de prédilection les plus délaissés. Or, s'il y a une infortune digne d'exciter, au plus haut degré, les sympathies des âmes dévouées au soulagement du malheur, c'est bien celle des aveugles et des sourds-muets.

Longtemps, ces êtres infortunés attendirent un consolateur qui compatît à leur misère. Qui les a enfin recueillis ? Ce sont les enfants du Bienheureux de Montfort, les Sœurs de la Sagesse et les Frères de Saint-Gabriel.

Aussi, bien des voix éloquentes ont célébré, du haut des chaires chrétiennes, cet immense service rendu à l'Église, et ont béni, en son nom, ces auxiliaires du Créateur qui prononcent le *fiat lux* dans des entendements couverts de ténèbres, et les rendent capables, malgré leur cécité, leur surdité et leur mutisme, de connaître, d'aimer et de servir DIEU.

M. F., quand Zacharie eut la langue déliée et les oreilles ouvertes, il entonna au Seigneur un hymne dont les accents se sont répandus sur toute la terre et jusqu'aux extrémités du monde.

Que le Seigneur soit donc béni de nouveau de ce qu'il a visité son peuple et fait la rédemption des affligés d'Israël ! *Benedictus Dominus Deus Israël quia visitavit et fecit redemptionem plebis suæ.*

3° *Institution des Pères de la Compagnie de Marie.*

LE Bienheureux de Montfort songeait à rendre durable tout ce qu'il faisait pour la gloire de DIEU et le salut de ses frères.

Rien n'était capable de contenter l'insatiabilité de son zèle. Il aurait voulu avoir mille bras, mille corps et mille vies pour les employer au service de l'Église ;

Il aurait voulu être partout pour s'opposer, en tous lieux, aux ennemis de DIEU ;

Il aurait voulu subsister dans le monde aussi longtemps que DIEU y aura des ennemis, pour les combattre.

Afin donc de suppléer au pouvoir qu'il n'avait pas de vivre toujours, il voulut en quelque sorte se survivre pour donner la pérennité à son zèle.

C'est pourquoi, après la fondation de l'Institut des Sœurs de la Sagesse et des Frères de Saint Gabriel, il travailla à fonder la Compagnie de Marie, société de prêtres destinés à poursuivre, après lui, l'œuvre si fructueuse des missions.

Cette idée germait depuis longtemps dans son âme. DIEU lui avait inspiré cette pensée dès sa jeunesse sacerdotale. Nous l'apprenons par une lettre du 6 novembre 1700 à son Directeur, où il dit : « Je ne puis m'empêcher, vu les nécessités de l'Église, de demander continuellement avec gémissement une petite et pauvre compagnie de bons prêtres qui s'exercent aux missions sous l'étendard et la protection de la Sainte Vierge. »

Trois ans avant sa mort, le Bienheureux adressa à DIEU une prière mémorable pour lui demander une compagnie de missionnaires qui travailleraient au triomphe et à la rénovation de la Sainte

Église, prière dont les accents brûlants n'ont decomparable que ceux des Épîtres des saints Apôtres, et dont je ne puis citer que les premiers mots : *Memor esto Congregationis tuæ.*

Non seulement il demandait lui-même cette grâce à DIEU par les prières les plus ardentes, mais il la faisait demander aussi par ceux qu'il évangélisait.

Il y avait près de Saumur, au diocèse d'Angers, un sanctuaire célèbre par les miracles qui s'y opéraient, et dans lequel on honorait la Vierge Marie sous le vocable de Notre-Dame des Ardillers.

En 1614, Notre-Dame des Ardillers fut donnée à la Congrégation de l'Oratoire, que venait de fonder en France le Cardinal de Bérulle. En 1641, le vénérable M. Olier y vint avec ses associés pour recommander à la Vierge le dessein qu'il méditait de fonder le séminaire de Saint-Sulpice ; et, en 1706, le Bienheureux de Montfort y vint à son tour.

Il y députa d'abord la Confrérie des

Pénitents, qui étaient au nombre de trente-trois, pour demander à DIEU, par Marie, des hommes apostoliques qui amèneraient le triomphe de l'Église ; et il leur donna, à cet effet, un règlement qui commençait ainsi : « Vous n'aurez point d'autre vue, dans votre pèlerinage à Notre-Dame des Ardillers, que d'obtenir de DIEU, par l'intercession de la Sainte Vierge, de bons missionnaires qui marchent sur les traces des apôtres, par un entier abandon à la divine Providence et la pratique de toutes sortes de vertus. »

Bientôt les disciples lui vinrent, voulant devenir des missionnaires selon l'esprit de leur maître. Il leur dit des choses prophétiques comme aux Sœurs de la Sagesse, et leur fit les recommandations suivantes :

« Soyez pauvres comme les apôtres et dépouillez-vous comme eux. Ne tenez en rien à la terre ; alors tout vous sera possible, parce que JÉSUS-CHRIST sera avec vous comme il était avec eux. Peut-être ne ferez-vous pas de miracles dans l'ordre de la nature, mais vous ferez comme eux des prodiges de grâce. Les cœurs des hommes seront entre vos mains, et vous les changerez à votre gré. »

Une troisième institution était donc fondée, issue de l'alliance du Bienheureux de Montfort avec la Croix, celle des Pères de la *Compagnie de Marie.*

L'Occident les possède, et déjà l'Orient les demande pour recevoir par eux les lumières de la foi.

Ainsi les Saints se survivent à eux-mêmes, transmettant leur esprit et leurs vertus à d'autres Saints qui continuent leur action bienfaisante dans l'Église, au sein de laquelle il deviennent les coadjuteurs du CHRIST.

O Bienheureux de Montfort ! ô bienheureux apôtre ! voici donc que votre apostolat se perpétuera d'âge en âge, et que votre voix se fera entendre encore dans les siècles à venir.

Ces hommes qui se sont levés à votre

suite, soldats de JÉSUS-CHRIST, vont faire revivre votre zèle partout ; et partout, à votre exemple, ils iront arborer l'étendard de la Sainte Église.

Mais eux aussi, formés à l'école de la Croix, ils devaient s'attendre aux coups de l'adversité et de la persécution.

Un homme d'état (M. Thiers) avait dit, en 1830, du haut de la tribune nationale : « Aux Ordres religieux nous ne devons que la persécution.» Et cette parole, aussi tyrannique que sacrilège, porta ses fruits.

Les jours de tourmente sont venus ; la question de l'expulsion des religieux est à l'ordre du jour (en 1880). Mais il ne se trouve point de loi pour les chasser, deux mille jurisconsultes le déclarent hautement, quatre cents membres de la magistrature descendent de leur siège et brisent leur carrière plutôt que de se prêter à l'exécution des décrets qui veulent suppléer la loi.

Rien n'en arrête l'exécution. On marche à l'assaut des couvents, on arrache les moines de leurs cellules, on ferme leurs églises, et cela au milieu d'un siècle qui ne cesse de crier : Vive la liberté !

Vous avez donc eu à porter cette croix, ô Pères de Marie, dans la bonne ville de Tourcoing. Et, à cette marque, on vous a bien reconnus comme les enfants du Bienheureux deMontfort ; car la Croix n'a pas de contrefaçon. Comme on a cloué les mains et les pieds à JÉSUS-CHRIST pour l'empêcher de sauver le monde, les libéraux, vrais fils des pharisiens, pouvaient-ils vous laisser libres et ne pas mettre sa postérité au tombeau sous les scellés de Pilate ?

Mais vous, gardant au cœur une sainte fierté,
Vous saurez par la foi sauver la liberté.

Ah ! vénérables expulsés, patience ! Pendant que le monde dit en vous rencontrant : « *Voici ceux qui viennent de la grande tribulation,* » DIEU prépare la résurrection, et demain le monde ajoutera ces autres paroles de l'Apocalypse : *Et la palme des victorieux est dans leurs mains.* (Apoc. ch. VII.)

Et si la Compagnie de Jésus a mérité de s'entendre appeler, par le Pape Clément VIII, le bras droit de l'Église, n'êtes-vous pas prédestinée, ô Compagnie de Marie, à devenir son bras gauche, afin d'étreindre ensemble le monde entier, et de le faire reposer sur le cœur de cette divine Mère qui s'appelle la Sainte Église ?

O Sœurs, ô Frères, ô Prêtres de la famille du Bienheureux de Montfort, ministres et serviteurs de Dieu, bénissez le Seigneur et dites : Alleluia ! *Sacerdotes Dei, benedicite Dominum ; servi Domini, hymnum dicite Deo : Alleluia !*

Votre fondateur a été un saint qui s'est consumé d'amour pour Jésus-Christ et la sainte Église.

A vous, héritiers de ce nouveau Zorobabel qui releva les ruines du temple, à vous maintenant de redresser les murs et les tours de la Cité Sainte.

Et puissiez-vous voir la prospérité de Jérusalem et la paix dans Israël ! *Bene-*

dicat tibi Dominus ex Sion, ut videas bona Jerusalem et pacem super Israël.

III. — FRUCTUEUSE PAR SES MIRACLES.

M F., quand l'apostolat d'un serviteur de DIEU se présente à nous avec la force des prodiges et du miracle, oh ! alors, on n'en saurait concevoir de plus puissant et de plus fructueux dans l'Église.

Parfois, DIEU se plaît en effet à revêtir un homme de sa vertu divine, à l'entourer de l'auréole de sa gloire, à le présenter aux peuples comme une manifestation de sa sainteté, accomplissant en eux cette parole de JÉSUS-CHRIST : « Quand j'aurai été élevé en croix, j'attirerai tout à moi. »

Tel apparut le Bienheureux de Montfort.

Aussi pouvons-nous lui appliquer ces paroles que l'Église chante en l'honneur des grands confesseurs de la foi : saint

Ignace, saint Dominique, saint Bruno :
« Ma vérité et ma miséricorde étaient
avec lui ; c'est pourquoi sa puissance a
fait de grandes choses en mon nom :
*Veritas mea et misericordia mea cum ipso,
et in nomine meo exaltabitur cornu ejus.*
Ps. CXXXVIII, 25.)

M. F., l'Évangile nous dit qu'après que
JÉSUS eut fait son premier miracle aux
noces de Cana en Galilée, il fit connaître
sa gloire, et ses disciples crurent en lui.
*Et manifestavit gloriam suam : et credi-
derunt in eum discipuli ejus.* (St Jean
II, 11.)

Et les Actes nous apprennent qu'après
avoir reçu l'Esprit-Saint au jour de la
Pentecôte, les apôtres, parlant toutes les
langues et glorifiant DIEU, jetaient tous
les cœurs dans l'étonnement. C'était,
ajoutent-ils, l'effet de cette prédiction de
Joël : « En ces jours-là, je répandrai mon
esprit sur vos serviteurs et ils prophéti-
seront, et alors quiconque invoquera le
Seigneur sera sauvé. » (II, 29.)

Et continuant ce récit ils disent : « Les apôtres faisaient beaucoup de prodiges et de miracles parmi le peuple, qui leur donnait de grandes louanges. Et le nombre de ceux qui croyaient au Seigneur, hommes et femmes, augmentait chaque jour ; en sorte qu'on apportait les malades sur les places publiques, et tous étaient guéris.»

C'est ainsi que le Bienheureux de Montfort vint annoncer à son siècle les voies du salut avec le secours d'en haut, qui confirmait toutes ses paroles, et les accompagnait de prodiges : *Domino cooperante et sermonem confirmante sequentibus signis.* (St Marc, XVI, 20.)

Il est parlé, M. F., dans l'Apocalypse, d'un ange qui volait dans le ciel avec l'Évangile en main : *Vidi angelum volantem per medium cœlum, habentem Evangelium æternum* ; cet ange est l'image du Bienheureux : il traverse les espaces en évangélisant plusieurs contrées à la fois ; on l'a vu au même moment, et à la même heure, donnant une mission simultanée à la Boissière et à la Renaudière en 1709.

A ce don de bilocation, le Bienheureux joignit celui d'une voix douée à certains jours d'une telle puissance qu'elle se faisait entendre à des foules innombrables et à des distances incommensurables.

De plus, l'assistance divine lui fut si abondante, qu'elle remplit son esprit de lumières et mit sur ses lèvres des flots d'inspiration au moment où il en avait besoin pour parler au peuple.

C'était sa foi en DIEU qui lui obtenait, pour son apostolat, ces prodiges de grâces promis par le Seigneur dans l'Évangile de St Jean : « Celui qui croit en moi verra des fleuves d'eau vive couler de son sein : *Et flumina de ventre ejus fluent aquæ vivæ.* » (St Jean, 7, 38.)

Et quand on le voit, à St-Brieuc, nourrir lui-même, pendant la mission, plus de 200 pauvres sans qu'il eût à l'avance le premier morceau de pain ;

Quand on le voit guérir un aveugle avec la simple aspersion de l'eau bénite ;

Quand on le voit guérir subitement d'une paralysie le Frère Pierre, un de ses compagnons ordinaires de mission ;

Quand on le voit guérir radicalement madame de la Villethébault, atteinte d'épilepsie ;

Quand on le voit près du lit de madame Bouillé agonisante prendre son crucifix, l'adorer et dire à la moribonde : « Vous ne mourrez pas ; »

Quand on le voit guérir tant de malades en récitant sur eux le saint Évangile ;

Quand on le voit prédire à l'abbé Mulot, son successeur, que toutes ses infirmités s'évanouiront le jour où il voudra commencer sa carrière de missionnaire ;

Quand on le voit rassurer des matelots s'écriant avec larmes au milieu d'une tempête : « Nous sommes perdus, » et lui, calmer l'orage en invoquant la Vierge ;

Quand on le voit prédire à un méchant homme, qui tenait une maison de scandale, qu'il mourrait d'une mort misérable;

Quand on le voit prédire les malheurs de la ville de Rennes ;

Quand on le voit s'introduire au milieu d'une assemblée de jeunes gens et de jeunes filles se livrant à la danse et faire cesser leur coupable divertissement ;

Quand on voit une réunion de filles débauchées et leurs complices tomber à genoux et pleurer en sa présence ;

Quand on le voit sur un bateau persuader à deux cents passagers, affreux mélange des personnes les plus grossières, de réciter avec lui le saint Rosaire ;

Quand on le voit triompher du cœur des soldats en garnison à l'île d'Aix, au point que, pour expier leurs fautes, ils prennent des verges pour se flageller publiquement ;

Quand on le voit, à l'exemple de St Grégoire le thaumaturge, faire reculer une colline à l'Ile-Dieu pour y planter un Calvaire ;

Quand on le voit faire accepter à une jeune fille de porter seule au milieu du monde, pendant dix ans, un costume particulier de religieuse en attendant la fondation prédite pour cette époque d'un institution nouvelle ;

Quand on voit les évêques qui l'avaient interdit rétracter leur jugement, reconnaître en lui un prêtre qui a donné des exemples admirables de pénitence, d'oraison, de zèle et de charité, contresigner l'authenticité de ses miracles et implorer eux-mêmes du Saint-Siège un jugement sur son éminente sainteté ;

Quand on voit DIEU exaucer tous ceux qui l'invoquent, au pied des calvaires qu'il a élevés, dans les sanctuaires de la Vierge qu'il a bâtis, à la fontaine de Vouvant près de laquelle il se retirait ;

Quand on le voit en extase dans le jardin de madame d'Orion, les bras croisés sur sa poitrine, élevé de deux pieds au-dessus de terre, frappé de stupeur et prédisant sa mort ;

Quand, au jour de la Purification, dans l'église des Dominicains à la Rochelle, on le voit en chaire ravi entouré d'une auréole ;

Quand on le voit favorisé des apparitions de la Vierge à la mission de Landemont, à la mission de Roussay, à la mission de St-Amand-sur-Sèvre, à la fontaine de Vouvant ;

Quand on le voit entrer en ravissement pendant la célébration de la Ste Messe à Nancy, à Luçon, à N.-D. de Lorette ;

Quand à sa célèbre mission de Pont-Château, sur l'heure de midi, et par un temps fort clair, on voit apparaître pendant une heure des croix environnées d'étendards qui descendaient du ciel ;

Quand enfin à la clôture d'une mission à la Rochelle, au moment de planter un calvaire près la porte St-Nicolas, l'immense multitude qui écoutait le Père de Montfort, apercevant des croix dans les airs, s'écrie en même temps avec des transports et des sanglots inexprimables: *Miracle, miracle !*

Ah ! M. F., on conçoit, comme disent ses historiens, que tous ces événements extraordinaires, ces guérisons opérées, ces prédictions réalisées, ces conversions aussi prodigieuses qu'innombrables, enthousiasmaient le peuple et le pénétraient de vénération pour l'homme de DIEU.

Des ovations, des triomphes, des fêtes publiques l'attendaient à son passage et à son retour.

Quand il revint à l'hôpital de Poitiers, tout le peuple se mit en mouvement et lui dressa des arcs de triomphe ; on entonna des cantiques, on alluma des feux de joie, on alla à sa rencontre avec les petits enfants pour le voir, avec les malades pour les guérir, avec un cortège immense qui implorait sa bénédiction, comme autrefois de la main d'Athanase revenant de l'exil, et ébranlait les voûtes du ciel de ce cri de reconnaissance : « Béni soit celui qui vient au nom du Seigneur! » Et tous se redisaient l'un à l'autre cette parole des disciples de St Jean-Baptiste sur le Messie : « Un grand prophète s'est levé parmi nous.

» Voici ce que nous avons vu et ce que nous avons entendu: Les aveugles voient, les boîteux marchent, les lépreux sont guéris, les sourds entendent, les morts ressuscitent, et l'Évangile est annoncé aux pauvres.

» Et toi, ô Jérusalem, lève-toi, entre en jubilation et vois les délices dont DIEU à comblé ton peuple : *Jerusalem, surge et sta in excelso, et vide jucunditatem quæ veniet tibi a Deo tuo.* » (Bar., IV, 36.)

Mais, M. F., la gloire que DIEU répand sur la terre n'est qu'une ombre de celle qu'il prépare à ses apôtres au terme de leur carrière.

Quand l'œuvre pour laquelle il les a envoyés en ce monde est achevée, il rappelle à lui ses bons et fidèles serviteurs pour les couronner.

Louis de Montfort, malgré son tempérament de fer, ne pouvait résister longtemps à des travaux où chaque jour il épuisait sa vie au service de la gloire de DIEU et du salut des âmes.

Malgré un affaiblissement qui le rendait presqu'incapable d'entreprendre une mission, il commença celle de St-Laurent-sur-Sèvre le 5 avril.

Un jour où il avait prêché avec tant d'onction que les assistants fondaient en larmes, il se sentit, en descendant de la chaire, frappé du coup de la mort.

Il s'alita. Il reçut les derniers sacrements avec la plus tendre piété, et il se prépara à rendre son âme à DIEU, comme un homme qui voit approcher sa fin avec un grand courage : *Spiritu magno vidit ultima.*

Ainsi l'avait attendue saint François Xavier, à l'âge de 46 ans, et saint François Régis, à l'âge de 44 ans. Le Bienheureux de Montfort, qui rappelait si bien le souvenir de ces deux grands missionnaires, gagna plus vite encore la récompense de ses travaux apostoliques. Il n'avait que 43 ans.

Quelle désolation autour de lui !

Le quitter, le perdre, c'est un sacrifice

qui afflige cruellement tous les cœurs. Mais l'heure de DIEU est venue. Et, le mardi 28 avril 1716, Louis de Montfort s'enva de la terre au Ciel.

Dans toute la Vendée et dans toute la Bretagne, la nouvelle de son trépas est annoncée en ces termes : « Le saint est mort. »

Et bientôt toute la France le pleure comme un de ses meilleurs apôtres, mort au champ d'honneur après avoir bien mérité de l'Église et de la Patrie.

Et fecerunt planctum magnum super eum. (Deut. 8, 2.)

Plus de dix mille hommes en larmes assistèrent à ses funérailles.

Le Bienheureux de Montfort fut inhumé provisoirement, puis ramené sous le marchepied de l'autel de la Sainte Vierge dans l'église de St-Laurent-sur-Sèvre. Et là, 43 ans plus tard, Marie-Louise de JÉSUS, fondatrice des Sœurs de la Sagesse, qui était morte au jour et à l'heure où avait expiré le Bienheureux de Montfort, fut inhumée à son tour, au milieu des larmes et de la vénération publiques.

S'il m'était permis d'écrire son épitaphe, j'emprunterais aux Actes des Saints celle que nous transmet Mabillon touchant la chaste et admirable Lioba, célèbre compagne des travaux de S. Boniface en Allemagne, qui l'avait aimé, comme Marie-Louise aima le Bienheureux de Montfort, de cette pure et angélique affection de cœur qui est particulière aux saints :

Erat aspectu angelica
Sermone jucunda, ingenio clara,
exspatientissima, caritate diffusa,
Ut post obitum ejus, corpus illius ad ossa sua
In eodem sepulchro poneretur,
Quatenus pariter diem Resurrectionis exspectarent,
Qui pari voto ac studio in vitâ suâ
Christo servierunt.

Vierge à l'aspect angélique,
Spirituelle et savante,
Très patiente dans son espérance, généreuse dans sa charité,
Voici que ses ossements près de ses ossements
Dans le même sépulcre reposent,
Afin qu'ils attendent ensemble le jour de la Résurrection.
Eux qui durant leur vie, avec un amour et un dévouement pareils,
Ont servi JÉSUS-CHRIST.

Et si, comme dit S. Grégoire le Grand,

l'apôtre S. Paul doit être couronné par les prémices de la gentilité comme S. Jean par toutes les Églises de l'Asie, quelle ne sera par la couronne du Bienheureux de Montfort, ce serviteur de DIEU orné de tant de vertus, cet apôtre qui a ramené tant d'âmes dans les voies de salut ?

Quelle gloire autour de son front que cette triple famille qu'il a fondée, et ces innombrables enfants qu'elle instruit, et ces innombrables malades qu'elle soulage, et ces innombrables égarés qu'elle arrache à l'enfer et qu'elle donne au ciel !

Aussi, n'est-il pas juste que l'univers fasse éclater sa joie, que le ciel retentisse de louanges, et que la terre et les cieux célèbrent la gloire de ce nouvel apôtre ?

> *Exsultet orbis gaudiis !*
> *Cœlum resultet laudibus !*
> *Apostolorum gloriam*
> *Tellus et astra concinunt.*

Oui, désormais le nom du Bienheureux de Montfort sera inscrit dans les fastes publics.

La poésie redira toutes ses gloires. La peinture traduira, dans son langage, les grandes scènes de son histoire. Les statues de marbre ou d'airain lui donneront une présence perpétuelle au milieu de nous. Des temples lui seront consacrés, et sur tous les points du globe on chantera des hymnes à sa louange. Son berceau et son tombeau verront les pèlerins affluer pour y invoquer sa puissance, et les noms de Montfort-la-Cane et de St-Laurent-sur-Sèvre prendront à jamais place dans l'histoire. Et tous ces honneurs, et toutes ces magnificences rejailliront dans les siècles des siècles jusqu'au DIEU Sauveur, dont il fut le serviteur et l'apôtre : *Soli Deo Salvatori nostro gloria et magnificentia !* (Jud., 25.)

Et nous, M. F., aujourd'hui, en célébrant la fête de la Béatification de Louis de Montfort, remercions DIEU.

Remercions-le de ses miséricordes et

des prodiges accomplis au milieu des enfants des hommes : *Confiteantuur Domino misericordiæ ejus, et mirabilia a filiis hominum ;* (Ps. 106.)

Remercions-le, au milieu des tristesses du temps, d'avoir illuminé le ciel et d'y avoir fait resplendir un astre qui lui a donné sa lumière avec joie : *Stellæ vocatæ sunt et luxerunt cum jucunditate ;* (Bar., III, 33.)

Remercions-le de l'apparition de cet ange conducteur au milieu des ténèbres qui se répandent sur la terre : *Quia ecce tenebræ operient terram et caligo populos,* et de la nuit qui couvre les peuples, sans aucune apparence d'aurore qui se lève : *Expectet lucem et non videat, nec ortum surgentis auroræ ;* (Job. 1, 9.)

Remercions-le de l'envoi de ce charitable médecin au monde malade qui a demandé sa guérison à tant d'hommes qui n'ont pu le sauver et à tant de remèdes qui n'ont pu le guérir : *Quia non est in illis medicamentum.* (Sap. 1, 14.)

O Bienheureux de Montfort ! ô bienheureux serviteur de JÉSUS-CHRIST ! ô
bienheureux apôtre de la Sainte Église !
maintenant que vous êtes dans la joie des
élus, souvenez-vous que la France fut
votre patrie, et demandez à DIEU une
grâce pour elle ;

Demandez qu'après avoir parcouru le
cercle de toutes les erreurs, elle revienne
à JÉSUS-CHRIST, comme à l'expression
immortelle et traditionnelle de sa foi et
de son espérance ;

Demandez que, pénitente et contrite,
elle revienne dévouée à son divin Cœur :
*Sacratissimo Cordi Jesu Gallia pœnitens
et devota* ;

Demandez qu'au milieu de ses com-
motions quotidiennes, elle regarde la
Croix, solution de toutes les questions
sociales, cause de tout bonheur, sup-
pression de toute discorde : *Crux, causa
beatitudinis, amputatio discordiæ;* (St Augustin.)

Demandez qu'elle ait encore la gloire

de former dans son sein de vaillants athlètes de la vérité et de la justice, de victorieux défenseurs de la Ste Église, d'heureux restaurateurs du règne social de JÉSUS-CHRIST : *Adjutores mei in regno Dei ;* (Coloss.)

Demandez-lui enfin que la prière de tant de justes fasse exaucer l'espérance d'un grand et solennel pardon à toute la terre.

Parce spei totius orbis.

Ainsi-soit-il.